2,50

EG
W 9

④

W0087422

Knaur.

Lotte Kühn

Supermuttis

Eine Abrechnung mit
den überengagierten Müttern

KNAUR TASCHENBUCH VERLAG

Besuchen Sie uns im Internet:
www.knaur.de

Originalausgabe März 2008
Copyright © 2008 bei Knaur Taschenbuch.
Ein Unternehmen der Droemerschen Verlagsanstalt
Th. Knaur Nachf. GmbH & Co. KG, München
Alle Rechte vorbehalten. Das Werk darf – auch teilweise –
nur mit Genehmigung des Verlages wiedergegeben werden.
Umschlaggestaltung: ZERO Werbeagentur, München
Umschlagabbildung: plainpicture/Kirch, S.
Satz: Adobe InDesign im Verlag
Druck und Bindung: Clausen & Bosse, Leck
Printed in Germany
ISBN 978-3-426-77989-7

Was wär der Apfel ohne sine?
Was wär veränder ohne lich?
Was wären Vita ohne mine?
Und was wär ich nur ohne dich?
Für meine Freundin Christiane Bubner –
    auch wenn es (vorerst)
    nur ein Buch über Mütter ist

Und für
Meine Kinder, Philipp, Lilith, Marie und Tulipan,
weil sie Engel sind, die mir noch immer auf die
Beine helfen, wenn meine Flügel wieder mal vergessen
haben, wie man fliegt. Und das täglich: Danke!
Für meine phantastischen Vier – auch weil es dieses
Buch (und dieses Leben) ohne sie nie gegeben hätte
                                    G.U.

Inhalt

IV. Teil – Mütter sind zum Schleppen da

Vorweg

S ie müssen sich schon entscheiden, ob Sie Windeln wechseln oder für die *ZEIT* schreiben wollen«, sagte die Dame, *ZEIT*-Redakteurin ihres Zeichens und selbstredend kinderlos, mit einem unüberhörbar süffisanten Unterton. Nach ihrem Vortrag über die Wege, Umwege und Pfade zum journalistischen Olymp, den sie auf Einladung eines Uni-Magazins für uns Berufsanfänger gehalten hatte, waren ein paar Fragen offen geblieben. Zum Beispiel die nach der Möglichkeit, auch bei der *ZEIT* in Teilzeit arbeiten zu können, falls man plane, neben dem Jobstart auch die Familiengründung in Angriff zu nehmen. Einen Moment lang herrschte Stille im Raum und die Wucht dieses Satzes hing wie in Stein gemeißelt über uns. Dann wandte man sich anderen Themen zu.

Vom Kinderkriegen war in diesen Tagen Anfang der achtziger Jahre ohnehin nicht oft die Rede. Wir, die vielen Frauen und wenigen Männer, die dieses Seminar besuchten, wollten vor allem arbeiten. Schreiben, gut schreiben und, wenn es irgendwie möglich wäre, vom Schreiben leben. Die Frage, wie das mit dem Kinderkriegen zusammenpassen könnte, war nicht so brennend, als dass sie sonderlich oft ausgesprochen und mit sorgfältigen Strategiediskussionen beantwortet worden wäre. Manchmal erschreckten wir uns gegenseitig mit Gruselgeschichten, die vor allem die Ignoranz der Männer, sprich Chefs, im Berufsleben diesem Thema gegenüber hervorheben sollten: »Wenn Sie mir Ihre Gebärmutter hier im Glas auf den Tisch stellen, dann werde ich Ihnen glauben, dass Sie mit dem Familienthema durch sind«, habe neulich der Chefredakteur einer Provinzzeitung einer

Volontärin geantwortet, die sich um eine Redakteursstelle beworben habe. Auf seine Frage nach ihren Kinderwünschen hatte die Volontärin sich beeilt zu versichern, dass sie damit nichts am Hut habe und somit auch einem 150-prozentigen Engagement im Job nichts entgegenstünde.

★

Inzwischen weiß ich ziemlich gut, wie es ist, vom Schreiben leben zu wollen. Und ich weiß auch, wie es sich anfühlt, in diesem Land eine Mutter zu sein. Nicht etwa eine, die pflichtvergessen ihren Nachwuchs in staatlichen Krippen geparkt hat – die sich eine breite Phalanx aus Ewiggestrigen immer noch wie rumänische Waisenhäuser vorstellt –, um der hehren Selbstverwirklichung zu frönen, auf der Suche nach dem wahren Selbst immer noch nicht nennenswert fündig geworden ist und deshalb umso verbissener immer weiter suchen muss. Oder eine, die eben das Pech hat, auf einen Hallodri als Ehemann hereingefallen zu sein, einen Mann zum Vater ihrer Kinder gewählt zu haben, der es finanziell einfach nicht draufhat, für eine Familie zu sorgen, weswegen sie jetzt eben arbeiten gehen muss. Sondern eine, die einfach das Geld verdienen will, das sie und ihre Kinder zum Leben brauchen – ganz egal, was andere Mütter in der Geborgenheit ihrer Küche murmeln mögen.

Von Kinderfeindlichkeit ist überall die Rede. Aber trifft es das? Niemand, der noch halbwegs bei Trost ist, hat etwas gegen Kinder. Im Gegenteil: Erwachsene, die sich in Zugabteilen, Bibliotheken, Restaurants oder bei Lesungen, Konzerten und anderen Veranstaltungen von kreischenden, quengelnden Kleinkindern gestört fühlen, beißen sich meist eher auf die Zunge und schlucken ihren Ärger hinunter, bevor sie die Eltern der lieben Kleinen in höflichen Worten auf die vielleicht vermeidbare Störung ansprechen. In manchen Wohnvierteln sind die Spielplätze übervoll und kaum ein Erwachsener kann sich ungestraft vor seinesgleichen damit brüsten, sich über zu viel Toberei im Hinterhof beschwert zu haben. Es will doch niemand für einen Kinderfeind gehalten werden! Und so geht noch jeder schüchternen Bemerkung die Beteuerung voraus, dass man absolut nichts gegen Kinder habe und sie sogar sehr möge.

Tatsächlich aber leben wir in einem mütterfeindlichen Land. Verantwortlich dafür sind mitnichten nur kaltschnäuzige Chefredakteure, männerbündische Posteninhaber, skrupellose Frauenverächter oder ganz allgemein die Verschwörer aus dem alten Patriarchat. Auch soll hier nicht über zu schmale Restauranttüren, fehlende Rolltreppen in U-Bahnhöfen und die Notwendigkeit von Wickeltischen auf Männerklos räsoniert werden. Das alles sind Ärgernisse, die es gibt und mit denen man im Allgemeinen auch ganz gut fertigwerden kann.

Doch in den Wartezimmern der Kinderärzte, am Rand der Buddelkiste, bei den Weihnachtsfeiern im Kinderladen, auf den Elternabenden in der Grundschule, in den Fluren der Ballettschulen und an den Rändern der Fußballplätze wird erbittert gestritten, erbarmungslos ausgeteilt und ziemlich eingesteckt. Im Stahlgewitter der Bewerbungsgespräche für einen der begehrten Plätze im Eltern-Initiativ-Kinderladen reifen rhetorische Fähigkeiten, mit denen Entwicklungsländer einen sofortigen Schuldenerlass beim Internationalen Währungsfonds erwirken könnten. Als Mutter wird man dort bei anderen Müttern zum Elternabend vorstellig und sucht aufs überzeugendste zu begründen, warum man ausgerechnet diesen Platz für den Zweijährigen so dringend braucht, obwohl die Mütterrunde doch ein Mindestalter von drei Jahren beschlossen hat. Lässt sich devot und ergeben durch die hochnotpeinliche Befragungsmühle drehen, denn der Laden ist schön, die Erzieher sind klasse, und der langersehnte Job winkt.

Ob man denn wirklich schon wieder arbeiten wolle? Die Kinder seien doch nur einmal so klein. Ach, alleinerziehend. Nun ja, aber es sei ja nicht das Problem der Gruppe, wenn es einem nicht gelungen sei, seinen Kerl zu halten. Ob man denn imstande sei, fleischlos zu kochen? Denn das sei ein vegetarischer Kinderladen, in dem niemals nie auch nur das kleinste Würstchen in der Suppe geduldet wäre. Ebenso werde mit Industriezucker, Cornflakes, Nutella, Weißmehlschrippen verfahren. Denn das mögen wir hier nicht so gerne. Also, die Schließzeiten nach hinten zu verlängern, käme ja nicht in Frage. Ob man denn garantieren könne, jeden Tag pünktlich um drei das Kind abzuholen? Am Wochenende turnusmäßig den Laden zu putzen? Regelmäßig zum Elternabend zu erscheinen und kleinere Aufgaben zu übernehmen? Dem Kind den Mittagsschlaf abzugewöhnen, denn unter der erzwungenen Ruhepause litte ja das Fördern der anderen, älteren Kinder, die auf die ungeteilte Aufmerksamkeit der Erzieher einen Anspruch hätten. Überhaupt, ob das Niveau nicht sinkt, wenn ein Zweijähriger in die Gruppe der Dreijährigen aufgenommen wird?

Und während die Mütter der zweifellos hochbegabten Dreijährigen noch voller Bedenken die Köpfe wiegen, zieht das Bewerberkind eine Plastikpistole aus der Tasche, die es dem Nachbarsjungen geklaut hat, und zielt auf einen blassen Jonas, der friedlich im Nebenraum ein Buch betrachtet. Das war's dann wohl. Denn das hilflose Gestotter der Bewerbermutter, »Das macht er sonst nie. Ich weiß gar nicht, wo er das Ding herhat«, prallte am eisigen Schweigen der Mitgliedsmütter ab. Ein gequälter Seufzer, mannigfaches Kopfschütteln, himmelwärts tadelnd erhobene Augenbrauen. »Wir werden jetzt mal darüber reden«, sagt eine. »Du kannst ja morgen mal anrufen und fragen, wie wir uns entschieden haben.« Die Bewerbermutter hat dann noch mal Glück gehabt. Der Erzieher hat ein gutes Wort für sie eingelegt, außerdem brauchte man dringend einen Jungen für die optimale Mischung der Geschlechter in der Gruppe. Und die mildtätige Müttergruppe hatte sich dazu durchgerungen, zumindest eine Alleinerziehende verkraften zu können.

Wo Mütter auf Mütter treffen, gibt's Stress – alltäglich. Und der hat's ganz anders in sich als das Dilemma der Entscheidung zwischen Beruf und Kindern. Es ist gar nicht so leicht, das zuzugeben, denn an der Oberfläche scheint schließlich alles in schönster Ordnung: Mütter kommen leicht mit anderen Müttern ins Gespräch, suchen einander auf Zettelaushängen zum gemeinsamen Klönen, gründen Kinderläden, organisieren Einkaufskooperativen beim örtlichen Biobauern, tauschen Erziehungstipps und Kochrezepte aus und schließen sich zusammen, um die Stadtverwaltung zu zwingen, die Spritzen und die Hundekacke vom Spielplatz zu entfernen, einen Zebrastreifen anzulegen oder die Stadtautobahn zur Tempo-30-Zone zu erklären. Sie wechseln sich beim Kinderhüten ab, trösten einander über die Mängel der Männer, mit denen sie in häuslicher Gemeinschaft oder durch monatliche Unterhaltszahlungen verbunden sind, haben immer einen guten Rat zur Hand und springen ein, wenn es irgendwo klemmt. Sie pflegen Kontakte, flechten Beziehungen und weben daraus die erste soziale Hängematte für ihr Kind: das Beziehungsnetz der Mütter ist die Basis für Kinderfreundschaften, Spielkameradschaften und Fahrgemeinschaften zur Klavierstunde, zum Fußballtraining, zum Hockeyturnier, auf den Reiterhof und zum Kieferorthopäden. Da darf man sich nicht entziehen, denn außen ist schnell draußen: Die ehrenwerte Gesellschaft schwört ihre Mitglieder auf einen gemeinsamen Verhaltenscodex ein und wer diese Grundwerte nicht teilt, gehört nicht dazu, ist keine richtige Mutter. Bei Strafe des für immer und ewig Ausgeschlossenseins aus der Herde hält sich die Mutter allzeit bereit – denn ein Kind ohne Freunde ist schließlich wenig mehr als das arme Kind einer schlechten Mutter.

Von außen betrachtet erscheinen Mütter als engagierte Frauen mit Kindern, friedlich und freundlich vereint im Bestreben, mit den notwendigen Umbauten für eine bessere Welt von morgen schon heute zu beginnen. Gegenüber den kinderlosen Karrierefrauen stehen sie im Ruf, einfühlsamer, freundlicher und auch nicht so egoistisch zu sein. Ja, auf die Soft Skills der Mütter (schlichten, mitfühlen und freundlich führen) darf die Wirtschaft durchaus ein begehrliches Auge werfen!

Sicher, es gibt an der publizistischen wie auch an der privaten Front zwei Mütter-Bataillone, die sich bis an die Zähne bewaffnet gegenüberstehen. Weil in Deutschland immer noch nicht ausgemacht ist, wer jetzt recht hat, liefern sie sich immer wieder Gefechte um die Frage, ob Kinder und Karriere eigentlich zusammenpassen: Zwischen der Vollzeitmutter am einen Ende spannt sich das Spektrum bis zur voll berufstätigen Teilzeitmutter am anderen Ende. Doch das Heer der Mütter kennt unendlich mehr Abstufungen als der Regenbogen. Nach einigen Jahren Frontbeobachtung wird klar, dass es im Heer der Mütter mehr Splittergruppen gibt als K-Gruppen in 68er Zeiten. Und alles andere gibt es auch: Überläufer, Verräter, Schläfer, Spione, Anführer, Anstifter, Intriganten und Mitläufer. Verstrickt in Scharmützel der alltäglichen Art über den ideologisch korrekten Weg zur perfekten

Mutterschaft haben sie längst vergessen, dass sie einen gemeinsamen Feind haben, der meistens mächtiger ist, meistens mehr Geld verdient, meistens mehr Anerkennung genießt, meistens männlich ist und meistens nicht dabei ist, wenn die Mütter am Wochenende auf allen vieren die Filzstiftspuren vom ökologisch unbedenklichen Korkfußboden im Kinderladen scheuern.

Da fürchten berufstätige Mütter die überzeugten Supermütter mit Sendungsbewusstsein, weil die ihnen im Handumdrehen das schlechte Gewissen wachrütteln, sich zu wenig um die Kinder zu kümmern.

Da belächeln Mütter vieler Kinder die Ein-Kind-Mütter und können gar nicht verstehen, warum die so ein Theater um ihr Ein und Alles machen.

Da wettern junge Mütter gegen glücklich Spätgebärende, plazieren Hausfrauen empfindliche Nadelstiche im Herz der Berufstätigen, schimpfen Bio-Mütter auf Aldi-Mütter und Alleinerziehende auf Gattinnen.

Mütter brauchen einander, klar – und sei es nur, um mit den Fehlern der anderen die eigene Erziehungsleistung schön aufwerten zu können.

Als wäre es nicht schon schlimm genug, dass unsere Gesellschaft sich einen irrwitzigen Normendruck auf ganz normale Frauen leistet, die Kinder bekommen, indem Heerscharen von Experten, Politikern oder Kirchenfürsten das Klischee von der guten Mutter mit hausgemachten Ansichten überstrapazieren, bis es kracht. Heraus kommt dabei wenig mehr als ein sentimental verklärtes Mutterbild von strahlender Perfektion und ohne jede Bodenhaftung, das einen langen, kalten, Schuldgefühle jeder Art schürenden Schatten über das Dasein lebendiger Frauen wirft. Standards, so hoch und unüberwindlich wie Gefängnismauern! Und beim Hofgang wird feste gegiftet. Die Folge: Mütter versuchen perfekt zu sein, verlieren dabei das Zutrauen in ihre Fähigkeiten und werden unsicher. In der Abgrenzung zu anderen suchen sie Halt – und reklamieren für sich, den allerbesten Weg zu beschreiten, wie man ein Kind großzieht, ohne sich fürs Leben an ihm versündigt zu haben. Wie Haarrisse im maroden Beton entstehen Hierarchien: Ober- und Untermütter, Supermütter, Nurmütter, Schlampen und solche, bei denen sich die anderen heimlich fragen, warum ausgerechnet die sich die Mühe gemacht haben, ein Kind zu kriegen. Mütter beäugen einander sorgfältig und halten sich gegenseitig in Schach. Im Netz von Unterstützung und Kontrolle sind alle Sensoren ständig auf Empfang und hocken die Lästerworte sprungbereit auf der Zungenspitze. Im Dickicht von demonstrativer Selbstlosigkeit, schlechtem Gewissen und kleinen Machtspielchen werden Kindergeburtstage, Sommerfeste und Trödelbasare zur Nagelprobe mütterlicher PR, aus der sich das aktuelle Ranking schmieden lässt. Wer so viel Stress auf sich nimmt, muss etwas davon haben: Warum nur schauen Mütter wie gebannt auf alles Negative und fahnden mit Argusaugen nach den Schwächen und vermeintlichen Verfehlungen der anderen Mütter? Je dunkler, schwärzer und verabscheuungswürdiger die daherkommen, desto heller erstrahlt der eigene Stern. Und so kann das dann im Einzelnen aussehen:

- Bastelmütter runzeln die Stirn über gekaufte »Hello-Kitty«- und »Prinzessin Lillifee«-Schultüten.
- Backmütter verachten Backmischungs- und Kuchenkaufmütter.
- Biomütter schütteln den Kopf über Tiefkühl-, Tütensuppen- und Dosenmütter.

- Vorsorgemütter rümpfen die Nase über Last-Minute-Mütter, die versuchen, Ende Januar Winterschuhe zu kaufen.

- Mütter, die nur zu jedem dritten Elternabend erscheinen, hassen Mütter, die Geld für den Blumenstrauß zum Geburtstag der Lehrerin sammeln, die Feriendaten der übernächsten Sommerferien auswendig wissen und den Notenspiegel der letzten fünf Mathearbeiten memorieren können.

- Mütter mit Jeans-Größe 34 lästern über Mütter mit Jeans-Größe 29, die sich auf die Plätzchenteller am Adventsnachmittag stürzen und den ganzen Kartoffelsalat auf dem Sommerfest verputzen, um dann darüber zu lamentieren, dass sie nach der Schwangerschaft nie wieder die alte Figur zurückgewinnen konnten.

- Naturheilkundlich beflügelte Mütter beschimpfen Mütter, die ihren Kindern bei grippalen Infekten Antibiotika verabreichen, den Blinddarm herausoperieren lassen und mit Cortisonzäpfchen die Birkenpollenallergie bekämpfen.

- Esoterisch gestählte Mütter bemitleiden Mütter, die nicht wissen, wozu ein Traumfänger gut ist, den Aszendenten ihres Kindes nicht kennen und Feng-Shui für eine Sushi-Sorte halten.

- Jungsmütter fürchten Mädchenmütter, die in jedem Deckel-hoch-der-Kaffee-kocht den Tatbestand der sexuellen Belästigung erfüllt sehen.

- Mädchenmütter hassen Jungsmütter, die sich weigern, ihre Mini-Machos zum Pinkeln im Sitzen zu zwingen, weswegen ihre kleinen Prinzessinnen auf der Toilette im Jungs-Pipi sitzen müssen.

- Schüchterne Mütter fürchten psychologisch-therapeutisch versierte Mütter, die den Wutanfall des Zweijährigen nebenbei diagnostizieren: Vielleicht ist es ja ADS, das solltest du mal testen lassen.

- Ökomütter hassen Mütter, die Geburtstagspartys ihrer Kinder bei Burger King abhalten oder die Brut kurzerhand ins Spaßbad verfrachten.

- Fußballmütter mokieren sich über Mütter, die beim Training nicht zusehen, weil sie das langweilig finden und deshalb den Nachwuchs nur vor der Halle absetzen. Und dann auch noch die hundert Euro für die gemeinsam anzuschaffenden Trikots zu teuer finden.

- Ängstliche Mütter rümpfen die Nase über Mütter, die ihre Kinder schon mit neun alleine Bus fahren lassen oder ihnen schon im dritten Schuljahr den selbständigen Schulweg zumuten – »dich sieht man ja morgens auch nicht mehr. Hast du denn keine Angst, dass er entführt werden könnte?«

Uns alle treibt die Sorge um, etwas falsch gemacht, versäumt oder total verbockt zu haben. Tröstlich ist da doch jede, die es noch weniger hinkriegt als man selbst. Eine Mutter, die nicht insgeheim davon überzeugt ist, ihre Kinder irgendwie geschädigt zu haben, sucht man heute vergebens. Und es braucht heute sehr wenig, um Müttern ein schlechtes Gewissen zu machen. Doch statt das als eine gemeinsame Belastung aller Mütter anzuerkennen, aufzubegehren und den Muttermythos gehörig abzuspecken, hacken wir uns auch noch gegenseitig die Augen aus.

Versuchen wir uns doch einmal an dem Gedanken, Mutterschaft als Arbeitsplatzbeschreibung und nicht als gebenedeiten Zustand zu sehen, der im wirklichen Leben heillose Überforderung mit dem Gefühl totaler Unzulänglichkeit paart. All die Spitzen von Freundinnen, die sich demonstrativ im vermeintlichen Glück wiegen, nicht arbeiten gehen zu müssen: »Sie sind doch nur einmal so klein, das muss schlimm für dich sein, wenn du sie so wenig mitkriegst.« Oder: »Schließlich habe ich keine Kinder in die Welt gesetzt, um sie gleich wieder abzuschieben.« Und dann auch noch all die Gemeinheiten kinderloser Kolleginnen, die mir genüsslich zu verstehen gaben, dass ich meinen beruflichen Ehrgeiz nun, da ich Kinder habe, ja wohl sehr zurückfahren müsse. Komisch, von Männern habe ich derlei Dinge nie gehört.

Wir Frauen haben inzwischen auf so gut wie alle Fragen eine Antwort gefunden, bis auf die nach dem Mutterwerden und dem anständigen, solidarischen Umgang mit anderen, die sich auch gelegentlich an der Aufgabe des Mutterseins verheben. Vielleicht müsste man endlich einmal so richtig barsch werden, besonders den anderen Müttern gegenüber, aber auch zu den Experten, amtlich bestallten Bedenkenträgern, verlogenen Meinungsmachern, lebensignoranten Moralaposteln, wenn es mal wieder darum geht, Eltern (sprich: Mütter) abzuwatschen und ihre Aufgaben glatt ins Unermessliche zu steigern. Erst recht aber, wenn Politiker und Kirchenmänner die nationale Bedrohung heraufdämmern sehen, wenn eine Familienministerin bekanntgibt, dass sie eine halbe Million Krippenplätze einrichten will. Und damit endlich einmal Politik und Gesellschaft stärker in die Pflicht nimmt, anstatt den Müttern einfach alles aufzubürden und das Kinderhaben zum Privatvergnügen zu deklarieren. Dabei hat doch unsere Wirtschaftsform das Kinderkriegen aus der sozialen und biographischen Selbstverständlichkeit verabschiedet, von der ökonomischen Notwendigkeit befreit und zu einer Privatangelegenheit gemacht – ein Hobby, das man sich halt etwas kosten lässt, so, wie andere sich Weltreisen, Designerklamotten oder schicke Autos etwas kosten lassen.

Seit Frauen wählen können, ob sie Mutter werden oder nicht, wachsen die Ansprüche und verschärft sich die unselige

Konkurrenz – auch weil sich noch nie in der Geschichte Frauen so viel mit ihren Kindern befasst haben wie in den letzten dreißig Jahren. Über die Fragen: Warum ein Kind? Wann ein Kind? Was für ein Kind? Welcher Erziehungsstil? Welche Fehler? reflektieren wir geradezu zwanghaft und ausdauernd. Mütter selbst kultivieren den Glauben an die Machbarkeit der Perfektion und adeln den Hürdenlauf zum identitätsstiftenden Merkmal. Die eine wird zum schlechten Gewissen der anderen. Handhabt sie die Dinge ähnlich wie man selbst, bestätigt uns das im Glauben, das Richtige zu tun. Macht sie es anders, kommt das einer Attacke aufs Allerheiligste gleich. Auch über Bande gespielt, erreicht die Kugel das Ziel. Wer positiv auf das Kind eingeht, macht der Mutter ein Kompliment, wer etwas an ihm auszusetzen hat, kränkt ihre Eigenliebe. Dabei brauchen wir das so wenig wie Besserwisserei, konkurrierende Ratschläge und ausgetüftelte Verhaltensmaßregelei. Sondern wir brauchen unsere Ruhe vor all dem und die Möglichkeit, unsere eigene Idee von Mutterschaft zu gestalten – ohne dass uns bei jeder Kleinigkeit ein Dutzend rivalisierender Experten an die Kehle springt, uns jemand vom Rednerpult, der Kanzel oder dem Talkshow-Sessel herab den einzig zulässigen Weg der Mutterschaft verkündet oder die einen Mütter über die ungebügelten T-Shirts der Kinder der anderen lästern, während sie ergeben, streng und freudig Tupperdosen von A nach B transportieren.

Und so belauern, bewerten, vergleichen, beneiden, verwerfen und entwerten wir das mütterliche Wirken der anderen Frauen auch weiterhin, ohne zu merken, dass der wahre Feind woanders steht.

I. Teil

Mütter sind für alles verantwortlich und deswegen an allem schuld

1. Kapitel

Verhaltensauffällig, verfressen und kriminell: kein Wunder bei *der* Mutter!

Als im Sommer des letzten Jahres der halbwüchsige Bruno durch die bayrischen Wälder streifte, hier einen Bienenstock vernaschte, da ein paar Ziegen und dort ein paar Schäfchen riss, in zwei Hühnerställe und einen Kaninchenstall einbrach und dabei immer wieder für einen Bären ungewöhnlich dreist die Nähe des Menschen in Kauf nahm, wenn nicht sogar suchte, waren sogar die Bärenexperten ziemlich ratlos. Früh zu intervenieren, war das Gebot der Stunde. Na klar, sie hatten die Spur aufgenommen und sollen ihm sogar einmal bis auf 100 Meter auf die Fersen gekommen sein. Mit dieser Art aufsuchender Sozialarbeit sollte verhindert werden, dass der jugendliche Delinquent seine Zukunft ruiniert. Ordnungsgemäß und sorgfältig protokollierten sie alle Delikte, deren sich Bruno schuldig gemacht hatte: Mord in mehr als 30 Fällen, Totschlag in mindestens gleicher Fallzahl und als wenn das nicht schon genügte, mindestens zehn schwere Diebstähle. Als selbst das niedrigschwellige Angebot der Bärenfalle nicht angenommen wurde und auch die eilends eingeflogenen finnischen Bärenjäger mit ihren norwegischen Bärenhunden unverrichteter Dinge und ohne internationale Anerkennung eingeheimst zu haben, abziehen mussten, breitete sich unter den beamteten Bärenjägern in bayrischen Ministerien höchste Nervosität aus. Obgleich Bruno sich gegenüber Menschen niemals aggressiv zeigte, sondern nur ganze 100 auf einmal mit seinem straffälligen Verhalten beschäftigte, warnten sie und prophezeiten ein schlimmes Ende. Mittlerweile waren schon an die 110 000 Euro an Kosten aufgelaufen, die der Steuerzahler zu tragen hatte. Man reckte also Zeigefinger und Gewehre und spekulierte emsig über die Beweggründe des Bären, mit einer Schurkerei nach der anderen von sich reden zu machen. Offensichtlich unbeeindruckt sogar vom sozialen Stigma des »Problembären«, wie sie ihn jetzt nannten, setzte Bruno derweil seine Streifzüge fort. Frech präsentierte er sich sogar unbescholtenen Spaziergängern, nur um dann spurlos im Unterholz abzutauchen. Mit seinem auffälligen Verhalten brachte er auch den deutschen Blätterwald zum Rascheln. Aber: Bruno konnte gar nichts dafür!

Schuld an dessen verfressener Dreistigkeit war seine Kinderstube. Gut, Brunos schwierige Familienverhältnisse, seine prekäre Herkunft, auch sein Migrationshintergrund müssen als mildernde Umstände gewertet werden. Er war aus dem italienischen Trentino über Österreich nach Bayern eingewandert. Seine Eltern stammten aus Slowenien, über den Vater Joze ist nicht mehr bekannt, als dass er offenbar zwei Bärenjungen gezeugt hat. Seine Mutter Jurka hat Bruno und seinen kleinen Bruder allein großgezogen, und war mit dieser Aufgabe offenbar überfordert.

Auch hatte Brunos Mutter selbst schon ein langes Vorstrafenregister. Im heimischen Trentino soll sie mehrmals in Ställe und Bienenstöcke eingebrochen sein, und Bruno lernte diese Art der Nahrungsbeschaffung von ihr. Mittlerweile wurde Jurka gefangengenommen, mit einem Sender ausgestattet, der meldete, wenn sie in die Nähe von Dörfern kam. Doch leider gab sie ihr Verhalten immer noch nicht auf und musste schließlich in einem italienischen Gehege sicherheitsverwahrt werden. Von ihr lernte Bruno auch, dass die Nähe des Menschen zwar gewisse Gefahren birgt, andererseits aber auch mit der Aussicht auf das eine oder andere leckere Haustier lockt und den Bären der Tat mit süßem Honig belohnt. Sie hat ihm wohl auch beigebracht, Tatorte zügig zu verlassen und niemals dorthin zurückzukehren: Bruno verließ zuerst seinen festen Wohnsitz, wurde zum Trebegänger, danach zum Dieb und dann zum Mörder.

Mit dieser Erkenntnis schwappte eine Welle der Erleichterung durchs Land, weil man endlich die Schuldige gefunden hatte: Seine Mutter hatte Bruno das schlechte Verhalten vorgelebt, entgegen Bärenart immer wieder die Nähe des Menschen zu suchen. Sie hatte in der Erziehung einfach versagt. Und Bruno war auf die schiefe Bahn geraten, die am 26. Juni 2006 auf der bayrischen Kümpflalm mit einem finalen Schuss endete.

Wo doch gerade die gesellschaftliche Integration von Jugendlichen aus prekären Verhältnissen heftig debattiert wird, hat Bruno ganz Deutschland mit der Nase draufgestoßen: Können humanitäre, bildungspolitische Anstrengungen und sozialpolitische Maßnahmen auffangen, was im Elternhaus versäumt wurde? Wohl nicht. Kurzum: Die Mutter war schuld. Das leuchtet uns allen unmittelbar ein, weil es an eine Denkweise anknüpft, die anders als in anderen Ländern tief verwurzelt ist: Verantwortlich für die Kinder ist die Mutter. Und zwar immer und immer alleine.

2. Kapitel

Alles in Mutter

Irgendwann kamen die Menschen auf die Idee, dass Perfektion machbar sei. Das war ein schwarzer Tag für die Mütter. Zwar setzten Eltern wahrscheinlich schon immer die schönsten Hoffnungen in ihren Nachwuchs, wünschten sich à la mode große Feldherrn, starke Krieger, geschickte Handwerker, fleißige Mädchen, umwerfende Schönheiten, weltberühmte Tänzerinnen, Physikgenies, Sportskanonen, kluge Köpfe oder wenigstens amerikanische Präsidenten heranzuziehen. Aber etwas hat sich bei uns, verglichen mit den bescheideneren Ambitionen früherer Mütter und Väter, verändert. Es genügt nämlich nicht mehr, Kinder zu gebären, zu ernähren, zu kleiden, zu beschützen und dafür zu sorgen, dass sie beizeiten das lernen, was sie brauchen, um ihr eigenes Leben zu bestreiten. Das Gedeihen unserer Kinder hängt ausschließlich von der Qualität ihrer Erziehung ab, glauben wir – genauer gesagt von der Mutter, der es gewöhnlich überlassen bleibt, sich um sie zu kümmern. Nur wenn die Mutter sich vorschriftsmäßig verhält, wird das Kind sich gut entwickeln. Wir haben verstanden: Mehr als ein Drittel (36,4 %) der deutschen Mütter hat Schuldgefühle, weil sie glauben, in der Kindererziehung Fehler zu machen. Fehler! Das muss man sich mal vorstellen. Gut, Menschen unterlaufen gewöhnlich auch mal Fehler. Aber Müttern? Das geht gar nicht. Und das eigentlich auch nicht: Fast ein Drittel (29,8 %) der Mütter glaubt, dass Kinder berufstätiger Mütter Nachteile erleiden. Ganze 23,7 % der Mütter gaben in der Umfrage der Zeitschrift *Familie & Co* an, im Gespräch mit anderen Müttern schon verunsichert worden zu sein. Da dürfen sich Mütter einigermaßen druckbetankt fühlen: Unsere Daseinsberechtigung ist das gelungene Kind.

Die gegenwärtigen Anforderungen an eine gute Mutter sind so abgehoben, widersprüchlich, irrwitzig, übermächtig und setzen so viel Selbstverleugnung voraus, dass niemand sie erfüllen kann. Der Muttermythos, dem wir anhängen, überschüttet uns mit so vielen Erwartungen, Aufgaben und Pflichten, dass man den Verstand verlieren kann, wenn man versucht, sich danach zu richten. Und das passiert ja auch allenthalben.

Früher kamen Kinder gewollt oder ungewollt, aber selbstverständlich zur Welt, und man war ihnen wenig schuldig, außer sie am Leben zu erhalten, so gut es ging. Früher hatte man mehr Kinder, mehr Arbeit und ein weniger schlechtes Gewissen dabei. Denn andere Mächte hatten noch immer ein Stück Verantwortung mitzutragen, wenn nicht alles nach Plan lief: Gott sowieso, der nach eigenem Gutdünken gab oder nahm. Aber auch der Stand, in den sie hineingeboren wurden und das Schicksal, dessen Wege für unergründlich galten. Auch unterstellte man Kindern, einen gewissen Charakter schon mit auf die Welt gebracht zu haben. Den Glauben an die Macht des Schicksals haben wir beinahe abgeschafft, aber nicht ersatzlos gestrichen. Es liegt auf der Hand, dass außerfamiliäre und überirdische Kräfte ihre Verantwortung ausgelagert haben: Weil Gott nicht überall sein kann, hat er die Mutter erschaffen – das jüdische Sprichwort fasst die mütterliche Zuständigkeit für alles und jedes so weit sie reicht.

Mit der Ausdehnung des mütterlichen Zuständigkeitsbereichs vom körperlichen auf das seelische Wohl und Wehe des Kindes, war ein prima Sündenbock gefunden. Mütterliche Liebkosungen legen das Fundament für ein Leben in seelischer Gesundheit, wo sie fehlen, zu reichlich oder zu sparsam oder zum falschen Zeitpunkt verabreicht werden, trägt das Kind nicht wiedergutzumachende Schäden davon. Eine zweite Chance gibt es nicht. Mit der korrekt bemessenen Dosierung und pünktlichen Verabreichung mütterlicher Zuwendung steht und fällt das Wohlergehen der kommenden Generation. Die Mutter ist zur Hauptverantwortlichen für das Glück ihrer Kinder befördert worden, und von der Verantwortung zur Schuld ist es nur ein kleiner Schritt. Sicher haben sich die meisten Mütter aller Zeiten und Kulturen um ihre Kinder gekümmert, doch dabei waren sie nie allein und ausschließlich mit den Kindern beschäftigt. Da gab es immer noch andere Menschen, die sich an der Aufgabe beteiligten.

Doch jetzt muss Mama alles können: Zuwendung, Geborgenheit, Bestätigung, aber auch Grenzen setzen, disziplinieren, stimulieren, reglementieren – fordern und fördern heißt die ultimative Regieanweisung für die gelungene Performance eines Kindes mit vielseitig entwickelter Persönlichkeit. In den Augen ihrer Umwelt, in ihren eigenen und in denen ihrer Kinder ist die Mutter für alles verantwortlich, was mit dem Kind geschieht. Und damit kommt die Schuld ins Spiel. Sie nistet als emotionale Hypothek in den Hinterköpfen, verwandelt sich bei Gelegenheit in ein Geschoss aus den Mündern anderer Mütter und wird als unabdingbare Bringschuld säuberlich in Büchern, Filmen und Sonntagsreden nachgewiesen. Sie unterlegt als Hintergrundrauschen aus durchgedrehtem Perfektionismus und Kontrollwahn das Leiden ganz normaler Frauen mit Kindern, die täglich in der Kluft zwischen Wunsch und Wirklichkeit unterwegs sind. Sie beschwört noch immer zuverlässig das Gefühl individuellen Versagens herauf, wenn das Kind sich nicht entwickelt, wie es soll und flackert nicht erst auf, wenn das Zeugnis und die Klagen der Lehrer den Verdacht nahelegen, das Goldkind sei debil. Schon Mütter, die ihre Kinder per Kaiserschnitt auf die Welt gebracht haben, leiden manchmal jahrelang unter dem Gefühl, versagt zu haben und keine richtigen Mütter zu sein, weil sie es offenbar nicht draufhatten, ein Kind auf natürlichem Weg zur Welt zu bringen.

Erst recht, wenn das Kind geboren ist und die Dinge ihren Lauf nehmen, mausert sich das schlechte Gewissen von der Zufallsbekanntschaft in Krisenfällen zum ständigen Begleiter in allen Lebenslagen. Mütter fühlen sich schuldig, wenn das Kind schreit, wenn sie zu früh abstillen, wenn sie nicht geduldig auf das Kind eingehen, wenn sie ihr Kind zeitweilig jemand anderem überlassen, wenn das Kind Neurodermitis oder schiefe Zähne hat und seltsame Ticks entwickelt, wenn es aggressiver, unmusikalischer, weniger freundlich und bockiger ist als das Kind anderer Leute.

Das Schuldgefühl der Mütter in unserer Wohlstandsgesellschaft wächst und wächst und wird, da darf man sich nichts vormachen, von interessierter Seite mächtig geschürt. Eltern haben Gewissensbisse, weil sie arbeiten, weil sie nicht genug verdienen, weil sie sich scheiden lassen, weil sie nicht genug Zeit und Nerven haben, weil sie Kinder in eine Welt gesetzt haben, die ihnen kein kindgerechtes Leben bieten kann. Die Gründe, warum Mütter ein schlechtes Gewissen haben, variieren, doch sie münden immer in die Neigung, sich Vorwürfe zu machen, weil sie etwas zu viel oder zu wenig oder oder zu früh oder zu spät und meistens total falsch gemacht haben.

Die Aufgabe der Mutter ist schnell umrissen: Ohne beständige Einfühlung geht gar nichts mehr. Die Mutter muss auf die emotionalen Bedürfnisse des Kindes eingehen und schon lange, bevor sich das Kind in Worten äußert, sein Verhalten sorgfältig beobachten und kenntnisreich moderieren und ihm dabei jede Befindlichkeit von den Lippen ablesen können. Sie soll seine Bedürfnisse und Ansprüche befriedigen und mit gelassenem Verständnis seine Regressionen ertragen. Gleichzeitig muss sie die emotional-kognitiv-somatische Entwicklung stimulieren und in all diesen Dingen ihre höchste Erfüllung finden. Nur so zu tun, als ob das alles einen unglaublichen Spaß macht, reicht nicht. Man muss es schon wirklich wollen und genießen können. Und darf auch wirklich noch nicht einmal ansatzweise einräumen, dass das Leben mit Kindern ungeahnte Zumutungen für ihre Mütter bereithält. Dabei muss man doch wirklich noch nicht einmal promovierte Herzchirurgin sein, um das tausendfache Windelwechseln oder das einstündige Stehen neben einem Hundehaufen als Demutsübung zu empfinden.

Und ist nicht die Angst davor, dass die Kinderseele durch die Fehler der Mutter Schaden nimmt, noch immer der verlässlichste Antrieb dafür, dass Frauen sich abstrampeln im Hamsterrad zwischen phantasiertem Perfektionswahn und gefühlter Unzulänglichkeit? Weil Schuld und Angst wie siamesische Zwillinge auftreten, befürchten wir ständig, etwas falsch zu machen: Wird unser Sohn ein Weichei, wenn wir ihn nicht bei jedem Quengeln zusammenstauchen? Wird er als Zwölfjähriger Marlboros rauchen, wenn wir ihn zu früh abstillen? Wird er vielleicht ein strammer Rechtsradikaler, wenn uns eine böse Bemerkung über Ausländer in teuren Autos rausrutscht? Wird unsere Tochter ein kokettes Partygirl, wenn wir ihr die rosa Tüllwolken durchgehen lassen, die sie neuerdings der robusten Latzhose vorzieht? Wird sie uns in ein paar Jahren mit Geschirr bewerfen und mit Ausdrücken beschimpfen, wenn wir ihre Trotzanfälle nicht rigoros unterdrücken? Wird sie magersüchtig, wenn wir die Schlagsahne auf dem Pudding rationieren? Werden sie nur noch anspruchsvoller, wenn wir auf ihre Wünsche eingehen? Werden sie alle zu Alkoholikern, wenn wir die Nudelsoße mit Rotwein abrunden?

Denn es kommt ja schließlich doch immer raus, wenn da irgendetwas schiefgelaufen ist: Die pathologischen Verhaltensweisen eines Kindes bringen die Unzulänglichkeit seiner Mutter an den Tag – das erkennen wir nicht nur in den Raubzügen eines adoleszenten Braunbären, das lesen wir nicht nur in der Zeitung, wenn die englische Queen für das eheliche Versagen ihrer vier Kinder verantwortlich gemacht wird. Oder wenn kein noch so kleinteilig formuliertes Psychogramm des Verbrechers, der Natascha Kampusch als kleines Mädchen entführt und acht Jahre lang gefangen gehalten hat, ohne die Frage auskommt: Ja, hat denn die Mutter wirklich nichts gemerkt?

Hier unten bei den Frauen bekommen wir das täglich zu hören: beim Kinderarzt, von den Freundinnen, von den Schwiegereltern, im Gespräch mit der Erzieherin, erst recht in der Schule und immer wieder gern auch von den Vätern dieser Kinder, die abends mal vorbeischauen. Ganz ohne wirklich danach gefragt zu haben, erfahren wir immer und überall, was mit unseren Kindern angeblich nicht in Ordnung ist, was wir ändern, worauf wir zu achten und welchen Beitrag wir zu leisten haben. Denn alles, was beim Kind nicht glattläuft, fällt auf die Mutter zurück. Und da kann ja bekanntlich eine ganze Menge schiefgehen. Sprunghaftigkeit, Schüchternheit, Leistungsverweigerung, Faulheit, Weinkrämpfe, Schulangst, Miesepetrigkeit – all das verrät mütterliches Versagen. Selbst schuld: Ist ja schließlich ihre Sache, wenn sie sich ein Kind anschafft. Wenn dann wirklich eines in der Wiege liegt, läuft die Verpflichtung zur sorgfältigen Selbstprüfung zu Hochform auf: Mache ich alles richtig? Läuft alles so, wie es soll? Habe ich nichts versäumt? Auch deshalb stehen Kinder heute wie nie zuvor auf dem Prüfstand und wollen Mütter so viel verbissener als früher alles richtig machen. Schließlich haben ihnen die Psychologen, die Pädagogen, die Entwicklungsexperten und akademischen Babybeobachter seit etwa fünfzig Jahren die Verantwortung zugeschoben – für den erzieherischen Erfolg, aber noch lieber für das erzieherische Versagen.

Deshalb schickt die fixe Idee, dass eben nur ideale Mütter perfekte Kinder produzieren, seit einem halben Jahrhundert Frauen, die Kinder kriegen, auf eine schwindelerregende Achterbahnfahrt, die dank wachsender Verunsicherung, beständig drohendem Scheitern, allgegenwärtiger Schuldgefühle stetig mehr an Fahrt gewinnt und allerlei Ängste heraufbeschwört. Sie sollen nicht nur alles richtig, sondern wollen auch alles besser machen – als die eigene Mutter, als die Mutter von nebenan, als die anderen Mütter im Kindergarten und erst recht als die verabscheuungswürdige Rabenmutter aus dem Fernsehen, die das Haushaltsgeld vertrinkt anstatt dem Nachwuchs die Ergotherapie, den Schwimmkurs und die Klavierstunden zu bezahlen.

Selbstredend steht ein griechischer Chor aus widersprüchlichen Stimmen bereit, wenn die junge Mutter sich dranmacht, die beste von allen zu werden. Die Freundin, die Hebamme, die eigene Mutter, der Kinderarzt, andere Mütter haben eine Art Verunsicherungskartell gegründet, in dem das kalte Licht der Wirklichkeit ehemals gelassene, zuversichtliche und heitere Visionen der Mutterschaft verblassen lässt. Schneller als der Himbeerblättertee bei der natürlichen Hausgeburt kalt werden kann, gerät die Schwangere ins Fadenkreuz rivalisierender Sachverständiger. Die Obsession, den anderen Muttis immer eine Nasenlänge voraus zu sein, treibt frühe Blüten:

Also so eine kalte, sterile Klinikatmosphäre wollten wir für uns ja nicht. Einlauf, rasieren, und dann impfen sie gleich jedes Neugeborene, ja stört dich das denn nicht? Du stillst nach Bedarf? Ach herrje, der Kleine hat schon wieder Hunger. Hast du auch genug Milch? Er bekommt alle vier Stunden ein Fläschchen? Also die Muttermilch soll ja Allergien viel besser vorbeugen. Fürs Immunsystem gibt's nix Besseres. Nimmst du es denn liebevoll an die Brust beim Trinken? Es wird in Stoffwindeln und Schafwollhöschen gewickelt? Vlieswindeln sind doch viel hygienischer und machen die zarte Haut auch nicht so schnell wund. Da musst du aufpassen, in diesen Wegwerfwindeln werden die Hoden leicht überhitzt, das kann Jungs später unfruchtbar machen. Kümmelöl, was, du hast kein Kümmelöl im Haus? Bei Dreimonatskoliken hilft nichts anderes! Beim kleinsten Wimmern nimmst du es auf den Arm? Wenn du das Kind so verwöhnst, musst du dich später nicht wundern, wenn es dir auf der Nase herumtanzt. Du kannst doch dein Baby nicht im Bettchen liegen lassen, wenn es wach ist. Es braucht Anregungen, wusstest du eigentlich, dass sich in den ersten Monaten schon die Gehirnzellen ausprägen und vernetzen?

Der Treibsatz aus Schuldgefühlen und Konkurrenzdenken ist gezündet. Bahn frei für ein Wettrennen, verglichen mit dem Michael Schumacher wie ein Sonntagsfahrer im Opel Kadett wirkt: die Konkurrenz der Kinder-Kriegerinnen ist beinhart – powered by emotion. Doch während sich die Schuldgefühle mit den Jahren, mit wachsender Kinderzahl und dank eines gewissen Abhärtungseffekts etwas verlieren, bleibt uns das Konkurrenzdenken erhalten und treibt bei den meisten von uns erstaunliche Blüten.

3. Kapitel

Der Kult ums Kind

Die Septembersonne taucht den grünen Rasen des Sportplatzes in goldenes Licht. Ein paar sieben- oder achtjährige Jungen kicken sich die Bälle zu, der Trainer steckt mit roten Plastikhütchen das Spielfeld ab. Der Rest der Mannschaft ist noch nicht fertig umgezogen worden. Auf den Rängen am Spielfeldrand liegt ein buntes Durcheinander von T-Shirts, Trikots, Hosen und Fußballschuhen, Stutzen und Socken, dazwischen Trinkflaschen, Kekse, große geblümte Schultertaschen. Die gehören den Müttern, die ihren fußballerischen Nachwuchs fürsorglich umflattern und in großen Taschen alles herangetragen haben, was ein achtjähriger Großstadtjunge heute braucht, um ein bisschen Fußball zu spielen. Und das ist nicht eben wenig. Die kleine Wohnstraße vor dem Zaun, der das Sportfeld umgibt, ist komplett zugeparkt. Vans und Kombis in allen Variationen, kaum einer ohne Kindersitz im Fond, viele mit Aufklebern, die der Außenwelt verkünden, dass hier ein Kind transportiert wird, reihen sich zu beiden Seiten der Straße und setzen Anwohner und Passanten darüber in Kenntnis, dass hier ein Familienereignis stattfindet. Das Fußballtraining am Montagnachmittag gerät noch immer zum großen Auftrieb in Sachen motorischer und sozialer Förderung im Kindesalter. Auf der Tribüne werden jetzt die letzten Hosen auffordernd hingehalten, damit zappelnde Beine hineinsteigen können. Dann werden Trikots übergestreift – von Müttern, die das Textil über die hochgereckten Arme ihrer Söhne streifen, glattziehen und dann einen Schritt zurücktreten, um das Ergebnis zu begutachten. Die Jungs hibbeln und hampeln, flitzen, kaum dass sie fertig ausstaffiert sind, auf den Platz, werden zurückbeordert, weil sie vor dem Spiel noch einen Schluck aus der Trinkflasche nehmen sollen, einen Kniestrumpf hochziehen, einen Schienbeinschoner festzurren und die Schnürsenkel auch schon wieder lose um die Knöchel flattern. Während die Kings auf dem Feld großspurig herumtoben und in eindeutigen Gesten zu verstehen geben, dass sie die sind, deren Namen auf ihren Trikots zu lesen sind, nämlich die künftigen Ballacks, Kloses und Riberys, lässt sich ein blondgelockter Junge (»Zidane«) auf den Sitz fallen und hält seiner Mutter die Beine hin. Augenblicklich kniet sie vor ihm nieder und knotet die Schnürsenkel fest, während er einem anderen auf dem Feld zuschreit: »Mach das Ding rein, du Spast!« Zu seiner Mutter kein Wort, und auch sie erledigt den Dienst schweigend, sogar noch als die zuckende Fußspitze ihres Jungen ihren gesenkten Kopf streift und sie heftig am Oberarm trifft. Ein unwilliges Kopfschütteln, mehr nicht. Und dann springt der Junge auch schon wieder hoch und rennt johlend, in Siegerpose mit erhobenen Armen, die Finger mit beidhändig ausgestrecktem Victory-Zeichen zu seiner Mannschaft zurück. Das Training beginnt, die Mütter sammeln hingeworfene T-Shirts auf, entkrempeln zusammengeknäulte Jeans und legen sie zu kleinen akkuraten Stapeln zusammen. Eine seufzt ihrem Ballack hinterher und murmelt: »Ach ja, man macht was mit, aber man wächst auch dran.« Die Mütter nicken, dann stellen sie die Trinkflaschen griffbereit. Sie ruckeln sich auf den Bänken zurecht und schauen zu. Und während sie ins Plaudern kommen, heften sie ihre Blicke fest auf das Gewusel dort auf dem Platz. Gerät ein Sprössling in die Nähe des gegnerischen Tors löst das Salven von hektischer Anfeuerung aus: Super! Luki! Mensch, pass auf, links! David, decken! Du musst decken! O nein, he, das war ein Foul! Der Trainer verdreht genervt die Augen.

Doch die Zeiten, in denen sich Mütter aus dem Fußball heraushalten ließen, sind gründlich vorbei. Noch immer verhallen seine zart formulierten Bitten ungehört, dass man doch bitte nicht ins Geschehen eingreifen solle, weil es aus Trainingszwecken wichtig sei, dass die Mannschaft lernt, auf seine Anweisungen zu hören. So geht das zwei Stunden lang weiter. In gieriger Bewunderung verfolgen die Mütter das Gebolze ihrer Söhne, als ginge es um etwas sehr Wichtiges. Es wird kommentiert, gelobt, gezetert und verglichen: Na, deiner kommt ja wohl auch nicht aus den Puschen! Timmi ist doch viel zu zart fürs Tor, na, den Trainer werde ich mir mal vorknöpfen! Also, jetzt vergeigt der mir schon wieder den Pass!

Als nach einer Weile eine Mutter aufsteht, betont auf die Uhr schaut und in die fragenden Gesichter um sie herum etwas verlegen sagt, sie habe noch einen Termin und sei um sechs wieder da, wenn das Training zu Ende ist, schüttelt ihre Nachbarin den Kopf: »Wie, interessiert dich denn gar nicht, wie deiner spielt? Die brauchen uns doch hier zum Anfeuern! Da kannst du doch nicht einfach gehen!« Dann in strenger Missbilligung: »Hat dein Sohn denn wenigstens eine Trinkflasche dabei?!«

Wem von so viel Muttivation schlecht wird, der ist ganz schnell draußen aus der Runde, wo die Mütter am Rande des Fußballfeldes ihre Unentbehrlichkeit zelebrieren.

★

Meiner eigenen Mutter wäre nicht im Traum eingefallen, ihren Sohn zum Fußballtraining zu kutschieren, geschweige denn ihm seine Klamotten nachzutragen oder sich in der Service-Pause an den Rand zu setzen, um seine Fortschritte kritisch zu beäugen und motivierend einzugreifen. Er ging halt Fußball spielen und kam abends wieder, und auch beim Abendessen waren weder das Verhalten seines Trainers noch sein eigenes kickerisches Können ein Thema. Und wenn er seine Hosen verloren hatte, gab es abends Schimpfe – aber kein Hinterhertragen. Das Abendessen nahmen wir Kinder übrigens alleine ein, denn meine Eltern wollten dann und wann für sich sein, ungestört von Kindergeplapper, Geschwisterstreit und umfallenden Saftgläsern. Was für ein egoistisches, kinderfeindliches Verhalten! Meine Mutter hätte bei den Müttern von heute wohl keine Chance gehabt, für eine gute Mutter zu gelten. Dafür hat sie aber auch kein schlechtes Gewissen gehabt, ihren Kindern Schaden zuzufügen, indem sie zu wenig tätige Anteilnahme an den Dingen gezeigt hätte, die Kinder nun mal tun. Meine Großmutter noch weniger. Sie überließ den Großteil der Erziehung ihrer vier Kinder einem Kindermädchen, das dafür bezahlt wurde, die guten Manieren schon mal einzuüben, die Schulaufgaben zu überwachen und kleine gesittete Ausflüge mit den Kindern zu unternehmen. Währenddessen widmete sich meine Großmutter anderen Aufgaben; sie unterstützte ihren Mann in dessen Arztpraxis, führte eine weitläufige Korrespondenz, spielte Klavier, pflegte die Lektüre und den Rosengarten, hielt gewissenhaft ihre gesellschaftlichen Verpflichtungen als Arztgattin ein und konnte, obwohl sie vier Kinder hatte, tatsächlich gelegentlich an etwas anderes denken. Dabei durfte sie sich nach den Standards des frühen zwanzigsten Jahrhunderts durchaus als gute Mutter fühlen. Sie sah ihre Kinder mehrmals am Tag, hörte ihre kleinen Geschichten an, sang mit ihnen Lieder und erschien abends zum Gutenachtkuss. Wenn ihr jemand vorgeschlagen hätte, jeden Augenblick im Tagesablauf ihrer Kinder zu beobachten, jeden Bedarf an liebevoller Zuwendung immer und überall zu stillen, jede Unternehmung zu begleiten, ja sogar mit ihren Kindern zu spielen, wäre sie sehr verwundert gewesen. Das Spielen sollten die Kinder doch unter ihresgleichen erledigen – aber bitte nicht so laut, dass die Ruhe des Hauses dadurch gestört wurde und in der Weise, dass die älteren Kinder auf die jüngeren achtzugeben hatten. Entrüstet hätte sie den Einwand von sich gewiesen, dass so viel Verantwortung die größeren Kinder überfordere, möglicherweise traumatisiere, weil es sie daran hindere, selbst ein unbeschwertes Kinderleben zu führen.

Heute machen Mütter das alles. In Abwesenheit bezahlbaren Personals und von der anmaßenden Illusion ihrer Unersetzbarkeit beflügelt, sind Mütter bereitwillig in die Rolle des Kindermädchens, der Haushälterin, der Putzfrau, der Chauffeurin, der Animateurin geschlüpft und dabei zu ihrem eigenen Dienstmädchen geworden. Während es Männern gelungen ist, aus jeder noch so kleinen Fertigkeit – zuhören, reden, kochen, Auto fahren, trösten, Fußball spielen, lehren und erklären – eine stattliche Reihe ganzer Berufsbilder (Therapeuten, Köche, Chauffeure, Pfarrer, Fußballtrainer, Lerncoach) zu destillieren, muss der Zuliefererbetrieb Mutter das alles in einem steten Strom selbstverständlich erbrachter Dienstleistungen gewährleisten. Tun sie das nicht oder nicht immer nur, werden sie automatisch als Rabenmütter abgestempelt, die ihr Kind unter mangelnder Zuwendung leiden lassen und es damit zwangsläufig auf die Loser-Schiene setzen. Wenn so viel auf dem Spiel steht, kann es keine Mutter geben, die jemals gut genug wäre.

Und so überbieten wir uns in Aufmerksamkeiten und zögern nicht, das Konzept des Fütterns auf Verlangen bis ins dritte Lebensjahrzehnt auszudehnen und, von einer tiefempfundenen Bringschuld angefeuert, das Kind mit bedingungsloser Aufmerksamkeit und allgegenwärtiger Liebe zuzuschütten. Sie stehen nun mal im Mittelpunkt, die vergötterten Empfänger all dieser Zuwendungen. Das ist ja auch nicht nur verkehrt. Wahrscheinlich haben Eltern aller Zeiten im Notfall enorme Opfer für ihre Kinder gebracht. Aber nicht im Regelfall: Kinder gelten uns heute als unsagbar zerbrechliche Wesen, aufs tiefste verletzbar durch unsere Macken, Defizite und Versäumnisse; für ihr Gedeihen auf unermüdliche Einfühlung und Unterstützung, beständige Motivation, hellsichtige Begleitung und beflissene Dienstbereitschaft so sehr angewiesen, dass die kleinste Unterbrechung an beständiger Zuwendung schon als Vernachlässigung und Vorstufe zur Kindesmisshandlung erscheint. »Es gibt keine Mutter, die nicht insgeheim glaubt, ihre Kinder irgendwie geschädigt zu haben – sei es durch Worte, Taten oder auch nur Gefühle«, sagt Shari Thurer und macht die populäre Mutterkultur dafür verantwortlich, die Mütter zu einem Leben in ständiger Sorge um das emotionale Wohlergehen des Kindes zu verdonnern. Man muss uns die beständig wiederholte Aufforderung, die Kinder zu lieben und zu fördern, nicht mehr mit Salz in den Rücken reiben. Wir haben das längst verinnerlicht und kutschieren den Nachwuchs von einer entwicklungsfördernden Freizeitbeschäftigung zur nächsten, harren am Rand von Fußballplätzen, in den Fluren der Ballettschulen, am Grund der Buddelkiste, auf Zwergenstühlchen beim Elternabend aus und senken schuldbewusst die Köpfe, wenn uns jemand unterstellt, dass wir absichtlich länger im Büro bleiben, weil wir dort lieber als zu Hause sind. So weit sind wir jetzt: bloß um sicherzugehen, dass wir unsere Pflichten annähernd ordnungsgemäß erfüllen und uns wirklich nichts vorwerfen müssen, haben wir unsere Fähigkeit verloren, unsere eigenen Sorgen von den Problemen, die unsere Kinder betreffen, unsere eigenen Freuden von den Vergnügungen, die Kinder schätzen, zu unterscheiden. Wir leben das Leben unserer Kinder.

4. Kapitel

Grandios überschätzt:
der Rockzipfel als Banner korrekter Mutterschaft

Außer den Kindern selbst scheint niemand allzu viel von Müttern zu halten, die berufstätig sind, solange die Kinder noch nicht zur Schule gehen. Die Mutter-Erde-Fraktion gurrt entweder mitfühlend: »Das muss ja schrecklich für dich sein. Den Stress würde ich mir nicht antun«, oder erklärt kategorisch: »Für mich wäre das nichts, wenn ich die ersten Schritte meines Babys nicht mitkriegen würde. Du musst ja wissen, was du machst. Aber gerade die ersten Jahre sind doch sooo wichtig, was man da versäumt, kann man nie wieder aufholen.«

Die Supermutti parkt den funkelnagelneuen Van in zweiter Reihe, neben sich das Kind in der Schale, hinter sich das Kinderzubehör gestapelt und lässt geringschätzig fallen: »Ich habe doch kein Kind in die Welt gesetzt, um es dann gleich in fremde Hände abzugeben.«

Die eigene Mutter schlägt die Hände über dem Kopf zusammen und sagt: »Ja, wie jetzt, dir fällt zu Hause die Decke auf den Kopf, als Mutter muss man eben auf vieles verzichten! Früher war das selbstverständlich. Eine Mutter gehört zu ihren Kindern.«

Bevor sie jetzt herzerweichende Visionen über verwahrloste Schlüsselkinder heraufbeschwört, die mutterseelenallein tiefgefrorene Cholesterinklumpen in die Mikrowelle werfen, um sie anschließend vor der Glotze zu verzehren und dabei in Gerichtsshows, pornographischen Bekenntnisrunden und gewaltstrotzenden Filmchen den falschen Eindruck über das richtige Leben gewinnen, wenden wir uns dem Ehemann zu. Selbst der steht manchmal nicht zu seiner berufstätigen Frau und motzt: »Wie steh ich denn da, wenn du die Kinder irgendwo abgibst und arbeiten gehst«? Dann zückt er das wirtschaftliche K.-o.-Argument: »Außerdem reicht das bisschen Geld, das du dafür kriegst, gerade mal für den Babysitter. Das rechnet sich doch gar nicht! Bei der Steuerklasse!«

Potenzielle Arbeitgeber verdrehen die Augen bei dem Gedanken an tränenüberströmte Frauen, die, wenn sie nicht sowieso dauernd fehlen, weil das Kind krank ist, den ganzen Tag auf Firmenkosten zu Hause anrufen. Man mag ihnen noch so eifrig versichern, dass das Au-pair-Mädchen daheim dieselbe Aufgabe erfüllt wie seine Frau bei ihm zu Hause mit seinen Kindern. Den Job kriegt im Zweifelsfall die strahlend selbstbewusste kinderlose Mitbewerberin, die beim Thema Überstunden nicht mit der Wimper zuckt, weil ihre beruflichen Ambitionen eben nicht von dem dringenden Wunsch gedämpft werden, nachmittags um fünf pünktlich und unter den wohlwollenden Blicken der Kollegen zu gehen, um die Kinder abzuholen.

Währenddessen predigt die Politik unaufrichtig von der enormen Bedeutung der Familie, weil sie einen Vorwand braucht, um die Kosten für die Kinderbetreuung einzusparen. Und sieht im Krippen-Ausbauprogramm der Familienministerin unweigerlich die politisch gleichgeschaltete DDR-Zwangskollektivierung aufdämmern. Die wiederum wird nicht müde, die Rückkehr der Mütter ins Berufsleben als wichtigstes politisches Nahziel zu fordern, verfällt dabei aber manchmal in einen Ton, den man ansonsten für die Resozialisierung von Straftätern reserviert hat. Oder für Ketzer im Mittelalter: »Ungeheuer schädlich«, schimpft der Augsburger Bischof mit dem Namen, den man immer so sorgfältig artikulieren muss, die

Pläne der Ministerin, »kinderfeindlich und ideologisch verblendet«, »das Gegenteil einer modernen und humanen Familienpolitik«. Die Ministerin wolle junge Frauen als Arbeitskräftereserve für die Industrie rekrutieren und die Frau zur »Gebärmaschine« degradieren.

Die Supermutti von heute ist auch eine militärische Vision, obgleich die Schlacht in der zivilen Gesellschaft ausgetragen wird. Mama als einsatzbereite, familiäre Allzweckwaffe, die ihren Filofax-Berufsalltag in Idealzeit abarbeitet und davor und danach in Qualitätszeit für ihre glücklichen Kinder investiert.

Dabei war von flächendeckendem Zwang zum Kita-Besuch nie die Rede, denn zwei von drei Kleinkindern müssen selbst dann zu Hause bleiben, wenn eine halbe Million Krippenplätze tatsächlich geschaffen werden. Es geht eigentlich nicht um mehr als die Möglichkeit, den Hut so weit zu machen, dass Familie und Beruf darunter passen, und damit geht es eigentlich schon ums Eingemachte. Gleich scheint die bange Frage auf, ob sich die Prioritäten verändern könnten und Krippe und Kindergarten besser für ein Kind sein könnten, als wenn es daheim bei Mama bleibt. Doch in Deutschland entfesselt man lieber einen Glaubenskrieg, als diese Möglichkeit nur einmal zu denken, an die sich unsere europäischen Nachbarinnen längst gewöhnen durften: ein Modell des berufstätigen Menschen zu etablieren, der auch Zeit hat, seinem kranken Kind etwas vorzulesen, ohne jederzeit dafür mit Karrierechancenlosigkeit bestraft zu werden. Und abends dann schwadronieren schwäbische Unternehmer in Fernsehtalkshows über die »ehrenhaften Pflichten deutscher Mütter«, die sich »mit Freuden« der ganzheitlichen Pflege ihrer Kinder hingeben, um zu verhindern, dass sie überall in Deutschland morgen schon in Pflegestellen gezerrt werden, damit ihre Eltern karrieristische Egotrips ausleben können. Selbst potenzielle Verbündete wie andere Mütter beispielsweise reden mit gespaltenen Zungen: »Früher dachte ich auch mal, dass man als Mutter weiterhin erwerbstätig sein sollte. Aber unser Sohn Carl-Maurice, der 1997 zur Welt kam, brauchte meine Anwesenheit mehr, als ich vorher gedacht hatte«, sagt eine Frau Müller im Spiegel-Streitgespräch zur Familienministerin und trumpft auf: »Heute ist mir das Glück meiner Familie einfach wichtiger als ein Job. Meine Familie macht mich glücklich.«

Jeder hat seine eigene unanfechtbare Wahrheit und trägt seinen Standpunkt mit Verve und starken Worten vor. Der Ton ist barsch und aggressiv. Jede Stellungnahme zur Familie bezieht sich hochemotional auf die eigene Lebensform und adelt den eigenen Lebenszuschnitt zum überlegenen Modell. Statt sich zusammenzutun und für die Anerkennung ihrer Leistung einzutreten, grenzen sich Mütter voneinander ab und versprühen wohldosiertes Gift. »Eine Mutter gehört zu ihrem Kind« steht auf dem Köcher der einen geschrieben, »Ach, Sie arbeiten nicht?« auf dem der anderen. Und während die Giftpfeile munter hin und her fliegen, haben die Kinder-Kriegerinnen das Wesentliche übersehen. Verkehrt ist eigentlich weder eine Mutter, die arbeiten geht, noch eine, die zu Hause bleiben will. Verkehrt sind die Bedingungen, unter denen beide das tun müssen. Beschließt man aber als Mutter, eine Zeitlang auf Geld, Status und Anerkennung zu verzichten, nur eben nicht auf alle drei Dinge gleichzeitig, sagt ständig irgendjemand: »Ich finde es bewundernswert, wie du das alles schaffst! Also ich könnte das ja nicht!« Und dabei klingt ganz deutlich, wenn auch unausgesprochen mit: »Diese egoistische, arrogante Kuh, die hält sich wohl für was Besseres.« Vertraut man das Kind einer Krippe an, rümpfen selbstgerechte Mütter die Nase und stellen sich überfüllte Großpflegestellen vor, in denen kleine Kinder zur Aufbewahrung abgegeben werden und von morgens früh bis abends spät ungekuschelt, ungefördert und unbeachtet dem Moment entgegenfiebern, wenn Mama sie endlich heimholt. Engagiert man eine Tagesmutter, glauben die Leute, man würde sein Kind weder tagsüber noch nachts in den Arm nehmen und sei stinkreich. Nimmt man das Baby mit zur Besprechung im Büro und stillt zwischendurch ganz diskret, machen die Kollegen, männliche wie weibliche, abfällige Bemerkungen und zischen hintenrum, man würde sich zur Schau stellen und wolle alles auf einmal haben.

Am besten man akzeptiert, dass eine Mutter immer unrecht hat, vor allem, wenn sie arbeitet. Warum tut man's dann? Ob eine Mutter berufstätig ist oder nicht, liegt bei ihr und den Umständen. Entlastung braucht auch eine, die nicht berufstätig ist. Das Belastende in der Mutterrolle liege im Prinzip »ständig«, schreibt Barbara Sichtermann. 24 Stunden lang allein und dauerzuständig für ein kleines Kind zu sein, und sei es noch so geliebt – das bringt jeden Erwachsenen an den Rand seiner Kräfte. Wer kann die Freuden der Mutterschaft schon genießen, wenn er rund um die Uhr und jeden Tag bis zum Hals drinsteckt? Wer das nicht glaubt und immer noch aus Umfragen zitiert, nach denen außer Haus betreute Kinder in Schweden später alkoholabhängig, verhaltensauffällig und beziehungsgestört werden, oder mit der amerikanischen Langzeitstudie über Kindergärten und Tagesmütter ganz weit ausholt, wonach Kinder, die den größten Teil ihrer Zeit fremdbetreut werden, dreimal häufiger problematisches Verhalten zeigen als Kinder, die vorrangig von ihren Müttern betreut werden, muss auch das zur Kenntnis nehmen: Dass dieselbe Studie zu dem Ergebnis kommt, dass Kinder, die ganztägig in guten Kindergärten und Krippen untergebracht sind, in ihrer sprachlichen Entwicklung, ihren kognitiven Fähigkeiten, in Wahrnehmung, Erkennen und Denken einen deutlichen Vorsprung haben, verglichen mit Kindern, die in ihren Familien zu Hause, von ihren Müttern betreut werden. Man muss im Übrigen nur mal die Augen aufmachen: in Supermärkten, im Bus, auf der Straße und auf dem Spielplatz sind die Mütter unterwegs, die ihre Rolle im traditionellen Sinn ungebrochen ausfüllen. Da kann einem ganz anders werden, wenn sie müde, total überlastet, respektlos und überhaupt nicht liebevoll mit ihren Kindern umgehen, die doch angeblich und theoretisch ihr Ein und Alles und schon von Natur aus ihre höchste frauliche Erfüllung sind.

Wie viel Mutter braucht der Mensch, besonders am Beginn des Lebens? Rundum umsorgt und fürsorglich bekuschelt, vom lächelnden, überlegenen Sachwissen und mütterlichen Verständnis in allen Lebenslagen getragen und mit optimal dosiertem Rückhalt und Anregung? Oder fremdbetreut und fern der Familie, abgeschoben in seelenlose Kinderaufbewahrungsanstalten, ohne Ansprache, ohne liebevolle Zuwendung und ohne fürsorgliche Aufmerksamkeit eines einzigen Erwachsenen, der sich dem Kind ganz und gar zur Verfügung stellt?

Keifende Stimmen, rote Flecken am Hals und ausufernde Gestik – harte Worte fallen und ein Pardon wird nicht gegeben: Zu höchst auffälligem Verhalten neigen Leitartikler, Politiker, Diskutanten aller Couleur und illustre Talkshow-Gäste, wenn die Rede auf die Mütter kommt. In dieser Diskussion beherrschen Verdächtigungen, Schuldzuweisungen, Befürchtungen aller Art und quälende Zweifel das Feld. Und noch jede dieser unerträglichen Veranstaltungen bestätigt die öffentliche Meinung, dass allein die Mutter für das Kind zuständig sei und erzeugt sehr private Schuldgefühle bei Müttern, die ihre Babys und Kleinkinder nicht dauernd selbst und ausschließlich und allein betreuen können oder wollen. Irritierend ist dabei nicht nur, wie ungefiltert und durch keinerlei Rationalität getrübt jeder sein eigenes Lebenskonzept mit Zähnen und Klauen verteidigt und das der anderen abwertet, sondern auch das alberne Alles-oder-nichts-Gerede. Eine Frau ist entweder ein schlankes, gestyltes, energisches Nadelstreifenbiest mit Laptop unterm Arm, die per Handy dem polnischen Kindermädchen letzte Anweisungen zur Herstellung ökologisch einwandfreier Mittagsmahlzeiten gibt, während sie schon den Motor des Saab-Cabrios aufheulen lässt, um ins Büro zu flitzen, oder eine ebenso milde wie mollige Mutti, die weiche Strickjacken trägt und Heftpflaster auf aufgeschlagene Kinderknie klebt, fröhlich die Waschmaschine mit verdreckten Fußballtrikots füllt und zärtlich Rotznasen putzt oder die Fortschritte des Kindes am Klavier überwacht. Die Möglichkeit, geschäftliche Entscheidungen auf höchster Ebene zu treffen und später daheim Apfelkuchen zu backen, wird überhaupt nicht diskutiert.

Sind Mütter denn wirklich die besten Erzieher ihrer Kinder? Immer? Kann ein Kind zu viel Mutter abkriegen, zu wenig von anderen Kindern, braucht es auch andere Erwachsene, wie wirken sich väterliche Betreuungsdefizite aus? Noch für jede der möglichen Antworten stehen Berge wissenschaftlicher Fachliteratur parat, um seine Position zu stützen.

»Kinder binden sich ganz gerne an mehrere Personen«, sagt Barbara Sichtermann, »und eben nicht nur an die Mutter.« Soviel scheint inzwischen theoretisch und empirisch belegt. Kinder mit mehreren Erwachsenen an ihrer Seite wählten je nach Situation ihren Favoriten. Mama liest vor, Papa füttert und mit einer Freundin lässt sich besser buddeln als mit jedem anderen.

Und die Erzieherin im Kindergarten bastelt einfach lieber. Kinder sind einfach besser dran, wenn es eine zweite, dritte und vierte zugewandte Person in ihrem Leben gibt. Sorry, liebe Supermuttis – aber es kann doch nicht grundsätzlich verkehrt sein, mehr als eine Mutter zu haben. Selbst konservative Bindungsforscher räumen mittlerweile ein, dass Fremdbetreuung ab 15 Monaten nicht schadet, sondern dem Kind sehr zugutekommen kann.

Wie Kinder großzuziehen sind, steht nicht in den Sternen geschrieben, brodelt nicht in der Ursuppe, ist nicht im kollektiven Unbewussten verankert oder in den Genen verschlüsselt, schreibt die amerikanische Psychologin Shari Thurer in ihrem Buch über den *Mythos Mutterschaft*. Unsere Vorfahren hielten sich an ein Schema, das völlig anders war als unseres, und unsere Nachkommen werden sich möglicherweise wieder umorientieren. »Unsere Vorstellung von dem, was eine gute Mutter ausmacht, ist eben dies: eine Vorstellung und keine ewige Wahrheit.« Die gute Mutter werde fortwährend neu erfunden, belegt Shari Thurer an Beispielen aus verschiedenen Zeiten und Kulturen. Was alle eint: »Jede Epoche und jede Gesellschaft erschafft sich ihre eigene Version, nach ihren eigenen Maßstäben, entsprechend ihrer eigenen Mythologie.« Dem Sog der eigenen Kultur kann man sich schwer entziehen, denn so, wie die moderne abendländische Variante fest in unserem Denken verankert und allgegenwärtig ist, nehmen wir sie ebenso wenig wahr wie die Luft, die wir atmen. Vielleicht erklärt auch das etwas von dem merkwürdigen Einverständnis, der Komplizenschaft der Mütter mit ihrer eigenen Überforderung und Unterjochung, aber auch von dem ungebrochenen Drang, sich gegenseitig das Leben schwerzumachen. Grundsätzlich betrachten die Mütter als Fehler, was ihnen die Experten als Fehler darstellen. Wie nichts sonst prägt die aktuelle Spielart des Muttermythos, der selbstlosen, alleinzuständigen, unersetzlichen, dauerverantwortlichen weiblichen Person, die keine eigenen Bedürfnisse hat und niemals klagt, als Muster ohne Wert immer noch unsere Familienstrukturen – und unsere Ansichten darüber, was für unsere Kinder das Beste ist, wie sie aufwachsen sollen und wer die Verantwortung trägt.

Um die Kinder geht es dabei jedoch gar nicht, wenn jede Zeit ihr eigens Anforderungsprofil für Mütter schmiedet: In den Goldenen Zwanzigerjahren beanspruchten Frauen energisch die Teilhabe am gesellschaftlichen Leben; kaum durften sie wählen gehen, verlangten sie schon Arbeitsplätze, drängten in die Universitäten, forderten Bildungschancen und ähnliche Unverschämtheiten, doch stattdessen wurde der Muttertag eingeführt. Am Ende des Zweiten Weltkriegs dankte man nicht mehr den Gebärmaschinen, sondern dem mütterlichen Durchhalten an der Heimatfront. In den fünfziger Jahren stieg die Arbeitslosigkeit und für Mutterwirken gab es keinen vollwertigen Ersatz – die ehemaligen Trümmerfrauen, patenten Kriegerwitwen und gestandenen Frauen wurden nach Hause geschickt, wo es genug treusorgende fraulich-trauliche Pflichten zu erfüllen gab. 1966 stellte das Müttergenesungswerk fest, dass 90 % von 90 000 Müttern, die in diesem Jahr betreut wurden, unter ernsthaften gesundheitlichen Schäden litten, da sie Belastungen ausgesetzt seien, die ihre Kräfte überfordern. Im Wirtschaftswunder der sechziger Jahre durften die Mütter den Arbeitsmarkt kurzfristig bereichern. Aber Ende der Siebziger wurden sie wieder zurückgepfiffen. Helmut Kohl erklärte uns 1978 den militärpolitischen Hintergrund der Mutterrolle: »Wie wollen wir bei der Geburtenrate von heute in fünf Jahren unsere Nato-Verpflichtung erfüllen? Für mich ist die Frage der Familienpolitik die zentrale Frage der staatlichen Politik.« Christa Meves hat dann 1984 die Schuldfrage an modernen Unübersichtlichkeiten im Familienleben auf den Punkt gebracht: »Die veränderte Situation der Frau heute – ihre größere Unabhängigkeit, ihre einseitige Erziehung zum Beruf einerseits, ihre Benachteiligung der Funktion in der Familie andererseits – führt zu wachsender Instabilität der Familie, die wiederum zu Scheidung und Jugendkriminalität.« Zwei Jahre später wird das Erziehungsgeld eingeführt, das spart Krippenplätze und Mutti muss nicht mehr arbeiten gehen. 1997 wird das Arbeitsförderungsgesetz reformiert: Die Mutter hat nach der Babypause keinen Anspruch mehr auf einen Arbeitsplatz, der ihrer Qualifikation entspricht. 2001 bringt uns dann die Reform des Erziehungsgeldes: Unabhängig davon, ob eine Frau berufstätig ist oder nicht, hat sie nach der Geburt eines Kindes Anspruch auf Erziehungsgeld. Seit dem Januar 2007 soll nun das paritätisch Papa und Mama gezahlte Elterngeld ein wenig mehr Gleichberechtigung auf die Sprünge helfen und mancherorts gelingt das ja auch schon ganz gut. Nach nur 9 Monaten des Jahres 2007 wurden 387 000 Anträge auf Elterngeld bewilligt. Jede zehnte Bewilligung geht an einen Vater. Vielleicht werden die halbe Million Krippenplätze, deren Ausbau die aktuelle Regierung beschlossen hat, auch ein wenig für den Gedanken werben, dass unter Umständen Beruf und Familie eines Tages doch zusammenpassen. Und die unselige, komplett überdrehte Debatte, ob es menschenrechtsverletzender sei, Kinder ihren Müttern zu überlassen oder sie bezahltem Erziehungspersonal anzuvertrauen, hält an.

Von störenden Rückständen aus der Lebenswirklichkeit der Mütter bereinigt und auch je nach Wirtschaftslage hat sich jedes Zeitalter die Mutterschaft zurechterfunden. Und die Psychologie hat die Theorie dazu geliefert, die zu den jeweiligen Lebensformen passte. Die Ansichten über Kinder und damit untrennbar verbunden die über das, was eine gute Mutter ausmachen soll, schwanken ja nicht, weil sich etwa Babys oder Kleinkinder verändern, sondern weil die Erwachsenen die Welt der Kinder mit anderen Augen sehen. Als im Zweiten Weltkrieg die Männer knapp wurden, mussten die Mütter in die Munitionsfabriken – und die aushäusige Betreuung ihrer Kinder wurde für unbedenklich erklärt. Mütter waren gehalten, Kinder nachts schreien zu lassen, um sich nicht verantwortungslose Nachgiebigkeit vorwerfen lassen zu müssen. Dann kehrten die Männer aus dem Krieg zurück, schufen und schafften in den neuen Jobs des Wirtschaftswunderlands und schickten die Frauen zurück in die vier Wände. Nach den strengen Kriegsjahren entdeckten die Experten das verwöhnungsbedürftige Kind: die Idee der Zuwendung auf Verlangen war in der Welt. Im Laufe der fünfziger Jahre wandelte das Kind an sich offenbar seine Natur und wurde »von der kleinen, triebhaften Kreatur, die eine energische, entschlusskräftige Mutter als Erzieherin brauchte, zum hochempfindlichen Pflänzchen, das nur im Treibhaus der bedingungslosen Liebe einer instinktiv einwandfrei funktionierenden Mutter schadlos gedeihen kann«, schreibt die Schweizer Autorin Yolanda Cadalbert-Schmid.

Dafür musste die Mutter natürlich zu Hause bleiben, doch das wollten nicht alle Mütter einfach hinnehmen. Und gleich wurde die Legende vom Elend der Schlüsselkinder geboren, die zur Mittagszeit unbekocht, am Nachmittag unbeaufsichtigt und manchmal am Abend sogar ungeküsst blieben und somit ihrer eigenen seelischen und sozialen Verwahrlosung hilflos entgegendämmerten. Alles nur, weil die Mütter meinten, arbeiten gehen zu müssen. Sie wollten zum Wohlstand schließlich auch mit ihrer bezahlten Arbeit beitragen.

Außerdem wirken am Zuschnitt der guten Mutter nur ausnahmsweise bewusste Blaupausen mit, die von eigenen früheren Bedürfnissen und Sehnsüchten nach einer perfekten Vergangenheit, nach einer guten Mutter sozusagen, gekennzeichnet sind. Davon abgesehen, dass auch die Verehrung der heiligen Maria als Urbild der hehren Mutterschaft erwachsenen Männern erlaubt, in einem Alter nach der Mama zu rufen, in dem das längst nicht mehr angebracht ist, enthüllen auch die anderen verschiedenen Mutter-Modelle wenig mehr als die dringenden, sehnsüchtigen Wünsche und die nicht weniger dringenden Ängste ihrer Urheber: Die Große Mutter aus der Steinzeit, das mittelalterliche Marienbild, der viktorianische Engel am Herd, die vielgebärende Müttergekreuzigte aus der Nazizeit, die adrette Heimchenmutter der fünfziger Jahre, die vom Feminismus zuerst vergessene, dann als selbsterfahrungshungrige bewusste Gebärerin mit Heiligenschein entdeckte Demeter-Mutter. Verklärt wird da viel: »Die Schönheit und Erhabenheit der Mutterschaft ist sicher die, dass du dich selbst vergisst. Jemand anderer wird wichtiger als du. Die Größe der Mutter spiegelt sich in der totalen Selbstlosigkeit wider.« Das schreibt Geburtspapst Frederic Leboyer, einer der moderneren Mutterflüsterer und Erfinder der sanften Geburt, Frauen mit Kindern ins Stammbuch. Übersetzt heißt das: Liebe Mama, du sollst immer für mich da sein und mich niemals damit erschrecken, dass du auch noch etwas anderes zu tun hast, als mich zu umsorgen. Ich bin wichtiger als du, und dein Glück besteht darin, dass du das merkst, damit ich mich sicher fühlen kann.

Noch nie haben sich Mütter so viel mit ihren Kindern befasst wie in den letzten zwanzig Jahren. Ob das Ergebnis derart selbstloser Bemutterung sich sehen lassen kann, mag dahingestellt sein. Doch Kinder, die nicht an Selbständigkeit gewöhnt sind, fühlen sich heute bereits vernachlässigt, wenn sie kurz sich selbst überlassen bleiben. Und die gebetsmühlenhaft wiederholte gesellschaftliche Forderung nach mehr Liebe, die vor allem die Mütter den Kindern entgegenbringen müssen, verschärft nur die Schuldgefühle, bereitet den Boden für noch mehr Überforderung und Überbehütung und beschert den Kindern noch schärfere Kontrasterfahrungen zwischen Verwöhnung und Vernachlässigung. Eine unselige Konkurrenz zwischen Müttern führt nur dazu, dass sich die Ansprüche noch mehr steigern. Dabei sind die Rollen, die Frauen bei der Kindererziehung spielen, weder vom unermesslichen Vorrat an Liebe noch von zeitlosen Wahrheiten und natürlichen Instinkten diktiert, sondern von sehr vielen irdischen Faktoren limitiert: Existenzsicherung, Bevölkerungsdichte, Biologie, technologische Entwicklung und die Spekulationen über das Wesen der Frau.

Trotzdem wird noch stets die Natur bemüht, um gesellschaftliche Ansprüche durchzusetzen. Die Inbrunst, mit der das Mutterbild seit mehr als zweihundert Jahren immer wieder neu beschworen wird, nährt den Verdacht, dass längst nicht alle Frauen dem nacheifern wollten oder konnten. Nie in der Geschichte und auch in keiner sozialen Schicht waren Frauen jemals ausschließlich Mütter und von morgens bis abends nur mit ihren Kindern beschäftigt. Gleichwohl hatte die Mutterschaft einen festen Platz im Leben der Frauen, sie geriet nur nicht in Konflikt mit anderen Tätigkeiten, die meist auch noch vor den Kindern rangierten. Viele adelige Frauen, aber auch die Mütter aus dem Großbürgertum dachten nicht daran, ihr gesellschaft-

liches Leben für die Kinder aufzugeben. Einen Teil der Kinderpflege an bezahlte Kräfte abzutreten war normal und selbstverständlich. Nicht ihre Berufstätigkeit hinderte die bürgerliche
Mutter daran, sich mehr ihren Kindern zu widmen, sondern
ihre vielfältigen anderen Pflichten im Haus und ihre gesellschaftlichen Verpflichtungen nach draußen. Keine Bauersfrau,
keine Arbeiterin wäre auf die Idee gekommen oder hätte überhaupt die Möglichkeit dazu gehabt, aus ihrer Mutterschaft eine
exklusive Lebensaufgabe zu machen. Sie schufteten außerhalb
des Hauses für ihren Lebensunterhalt, während ihre Kinder
weitgehend sich selbst überlassen blieben und beizeiten gehalten waren, die Existenzgrundlage der Familie mit ihrer Arbeits-
kraft zu kräftigen.

»Was Familie und Erziehung angeht, so neigen wir dazu,
die Vergangenheit zu idealisieren«, sagt der Soziologe Hans
Bertram. Gerade in der heutigen Familiendebatte werde die
traditionelle Hausfrauenehe häufig zur Norm erklärt, weil sie
den Kindheitserfahrungen vieler Politiker und Journalisten
entspreche.

Die Verfechter der alten Weltordnung geben sich noch lange
nicht geschlagen und berufen sich, wie immer in Argumentati-
onsnot, auf eine Autorität, die über tagesaktuelle Streitereien
über Krippenplätze und Mutterinstinkte erhaben ist: die Natur.
Zwar vergleicht heute keiner mehr eine Frau mit einer Pflanze
– all dies ruhige Entfalten, zum Blühen bestimmt sein und ach,
schweigen wir vom Welken, mit denen 1821 Georg Wilhelm
Friedrich Hegel den kleinen Unterschied zwischen Mann und
Frau als den zwischen einem Tier und einer Pflanze fassen
wollte. Heutiges Gerede von der biologischen Bestimmung einer Frau, die nach Verwirklichung durch Empfängnis, Schwangerschaft, Geburt und ab da alleinzuständiger Rundumbetreu-

ung und Allroundverantwortung drängt, erweitert die alte Pflanzen-Metapher, denn es scheint, als seien Frauen zum Blühen bestimmt – oder ein Gefäß, das durch eben dieses Tun ganz und gar erfüllt wird. Ein Gefühl der Erfüllung erwächst selten aus Interesse an einer einzigen Sache, wie alle Männer wissen, die versuchen, ihre Aufgaben im Job mit ihrer Leidenschaft fürs Segeln oder Kegeln in Einklang zu bringen. Warum sollte es kein erfülltes Frauenleben geben, wenn dort niemals die kleinste Windel vorkommt! Doch auch heute noch kommt die Rede von den Naturinstinkten der Frau stets streng wissenschaftlich daher und verrät durch denselben beschwörenden Ton, an dem man schon die Mütter-Appelle vergangener Jahrhunderte erkennen konnte, dass wir mal wieder die Welt retten sollen, indem wir auf unsere Instinkte hören, zu Hause bleiben und uns damit begnügen, Kinder in die Welt zu setzen und sie dann ebenso hingebungsvoll wie selbstlos bemuttern. Natur ist zweifellos mit im Spiel bei der Familiengründung, doch natürliche Instinkte werden immer noch sozial geformt. Der Besitz einer Gebärmutter allein gestattet noch lange nicht die Folgerung, das Wechseln der Windeln und das Backen eines Apfelkuchens sei quasi genetisch programmiert. Das ganze Gezerre um die Rollenaufteilungen zwischen den Geschlechtern beruht auf der Annahme, dass die Aufgabenteilung in den Geschlechtsteilen vorgegeben sei und das Abendland in Gefahr gerät, wenn Frauen merken, dass sie nur in den ersten neun Monaten nicht austauschbar sind, danach aber viele Möglichkeiten haben, ihren eigenen Stil von Mutterschaft zu entdecken. Selbst in den mahnenden Worten der Demographen scheint das noch auf, seit ihnen aufgefallen ist, dass Frauen Wege abseits der Windel-Breichen-Töpfchen-Routine in ein erfülltes Leben eingeschlagen haben: Es geht immer ums Ganze, die Gesellschaft, den

Planeten, das Universum und um die katastrophalen Folgen scheinbar unnatürlichen Verhaltens, das manche schon wittern, wenn eine Frau sich ihrer vermeintlich biologischen Bestimmung zur Mutter in der Zeit von neun bis fünf entledigt, um anderen Dingen nachzugehen. Man muss sich mal vorstellen, was hier los wäre, wenn man von einem Mann erwartete, alle paar Stunden den Paarungsakt zu vollziehen, nur damit er seinen biologischen Zweck erfüllt.

5. Kapitel

Der Mythos der frühen Jahre

Die Mutter müsse sieben Tage in der Woche und 365 Tage im Jahr (und die Nächte dazwischen) präsent sein, denn nur so könne ein Kind gesund aufwachsen, forderte John Bowlby, der Erfinder der Bindungstheorie, die besagt, dass alle Kinder biologisch dazu veranlagt seien, sich an die Person zu binden, die sie versorgt. So wie Konrad Lorenz bei seinen Gänsekindern beobachtete, die hinter ihrer Mutter herwatscheln, nachdem sie sich aus dem Ei geschält haben, sah Bowlby eine Art Prägung in dem Vorgang, bei dem wie durch einen Zwei-Komponenten-Kleber gleich nach der Geburt Mutter und Kind in Sekundenbruchteilen zusammengeschweißt werden. Beginnt eine Mutter nicht umgehend damit, das Baby zu herzen und zu küssen, hat sie ihre beste und vielleicht einzige Chance vertan, ihre biologische Verbindung zu bekräftigen. Allerdings watschelten Konrad Lorenz' Gänseküken ebenso unbeirrt hinter dem Forscher her, wenn er es war, den sie zuerst erblickten. Und auch die Beziehung zwischen Knut und seinem Pfleger scheint diesen magischen Moment gekannt zu haben.

Dem Charme von Bowlbys Bindungstheorie jedoch erliegen Menschenmütter bis heute nur zu gerne, auch weil er auf eine Binsenwahrheit hinausläuft – dass nämlich Mütter eine wichtige Rolle für Kinder spielen. Doch Bowlby hat seine Erkenntnis eigentlich nur aus der Betrachtung des verdammt noch mal Offensichtlichen gewonnen: Seine Studie untersuchte im Jahr 1948 im Auftrag der Vereinten Nationen die Bedürfnisse von Kindern, die im Krieg ihre Eltern verloren hatten und

Kindern, die zum Schutz vor Luftangriffen aufs Land verschickt worden waren. Die Kriegswaisen waren schwer geschädigt, oft im Wachstum zurückgeblieben, kränklich, unterernährt und von ihrem inneren Erleben wie abgeschnitten. Bowlby folgerte daraus nicht etwa, dass Krieg eine Katastrophe für Kinder darstellt, sondern dass ein Kind, das in seinen ersten Lebensjahren keine »herzliche, innige und dauerhafte Beziehung zur Mutter« hat, für den Rest seines Lebens zum emotionalen Krüppel werden kann. »Mutterentbehrung« nannte Bowlby diesen scheinbar verheerenden Tatbestand.

Dass die Wissenschaft diese Befunde, wonach eine Mutter hormonell bestimmt wird, ihr Kind nach der Geburt instinktiv abzulehnen oder anzunehmen, längst als extrem zweifelhaft verworfen hat, tat dem Siegeszug der Bindungstheorie keinen Abbruch. Was ja durchaus sein Gutes hat, räumt Shari Thurer ein. Immerhin hätten diese Erkenntnisse zur Humanisierung der Geburtserfahrung beigetragen und Reformen in der Versorgung elternloser Kinder gebracht. »Aber sie hat sich aus ihrer ohnehin fragwürdigen wissenschaftlichen Verankerung gelöst und musste zur Rechtfertigung haltloser und übertriebener Postulate herhalten − dass es kritische Phasen für den Aufbau der Mutter-Kind-Beziehung gibt; dass Babys Mütter brauchen, die immer zu Hause bleiben; dass einem Kind, bei dem die Mutter-Kind-Beziehung stimmt, ein Leben lang emotionale Sicherheit garantiert ist. Der Sekundenkleber ist zum Absolutum erhoben worden, und Mütter, die einen Kaiserschnitt hatten, die ein Kind adoptiert haben oder die sich nicht gleich bei der Geburt mit ihrem Neugeborenen eins gefühlt haben, müssen sich als Versagerinnen empfinden«, meint Shari Thurer, »als ob das Muttersein so einfach wäre.«

Gleichwohl ist die Bindungstheorie zum Katechismus dogmatischer Mutterschaft geworden; Kinderärzte, professionelle Babybeobachter und ganze Horden akademischer, politischer und sozial engagierter Mutterflüsterer berufen sich nach wie vor auf Bowlbys Dogma, um Mütter von der fixen Idee abzubringen, gleichzeitig einen Beruf auszuüben und ein Baby zu haben. Die Bindungstheorie alimentiert Dutzende von Erziehungsratgebern, die in den letzten fünfzig Jahren erschienen sind.

In Benjamin Spocks *Säuglings- und Kinderpflege,* das Mitte der vierziger Jahre auf den Markt kam und seither in Millionenauflagen sogar das meistverkaufte Buch in Amerika gleich nach der Bibel wurde, waren die Anforderungen an die Mutter drastisch gestiegen. Sie musste immer da sein, trösten und beruhigen, auf jedes Bedürfnis des Kindes eingehen, ein stimulierendes, exakt seiner jeweiligen Entwicklungsphase angepasstes Umfeld herstellen, Toleranz gegenüber regressiven Verhaltensweisen zeigen und jegliches Konfliktpotenzial von ihm fernhalten. Dieser Anspruch an die Mütter setzt eine Familie voraus, die aus zwei Elternteilen besteht, wovon der weibliche seine gesamte Zeit dem Kind zu widmen hat. Die Säuglingsexperten von Spock über Liedloff bis zu Brazelton wollten das Selbstvertrauen der Mütter stärken, aber lösten bei ihnen oft nur quälende Zweifel, Desorientiertheit, Gefühle von Unzulänglichkeit und Schuld aus.

Auch Jean Liedloff reist in ihrem Siebzigerjahre-Bestseller *Die Suche nach dem verlorenen Glück* auf diesem Ticket: »Die Mütter könnten, würden sie die Dringlichkeit ihrer Anwesenheit während der ersten Jahre ihres Babys erkennen, ihre Stellung aufgeben, um den Entbehrungen vorzubeugen, die das ganze Leben des Babys schädigen.« Und das wollen wir doch unter allen Umständen vermeiden. Bei so viel Macht wundert es nicht, wenn Frauen über ihre gewagten Wünsche erschrecken, ein paar Stunden des Tages in der Nähe ausschließlich erwachsener Menschen zu verbringen und das zu tun, wofür sie lange und teuer ausgebildet wurden, um damit echtes Geld zu verdienen.

Wir verdanken diesen Experten ein Mutterbild, in dem die Erfahrung der Mütter nicht mehr vorkommt. Sicher, manche Mütter müssen arbeiten gehen, weil es sonst niemand für sie tut. Doch die wahrhaft gute Mutter bleibt daheim. Nur die Vollmutter kann den Familienwerten wieder zu ihrem Recht verhelfen und die Bürger zur Moral zurückführen – das glaubte ganz Amerika und halb Deutschland in den fünfziger Jahren, und eine ewiggestrige Phalanx aus Politikergattinnen, Bischöfen und Tagesschausprecherinnen glaubt das noch heute.

Gute Eltern stehen ihren Kindern nahe: sie wissen, was ihre Kinder fühlen, denken, tun und lassen, oder? Schon weil sie als gute Eltern kaum wagen dürfen, ihren Nachwuchs aus den Augen zu lassen – »frühestens im mittleren oder späteren Teenageralter ist das möglich«, sagen die prominenten amerikanischen Kinderärzte T. Berry Brazelton und Stanley I. Greenspan in ihrem Buch *Die sieben Grundbedürfnisse von Kindern*. Die Autoren antworten auf die Frage, die Eltern umtreibt und immer wieder aufscheint, wenn irgendwo etwas passiert: Wie verhindert man, dass aus süßen kleinen Babys motzende, magersüchtige, kiffende, rechtsradikale oder gewalttätige Teenager werden? Welche spezifischen Erfahrungen sind die wichtigsten, und in welchem Umfang müssen sie Kindern zugänglich sein? Was braucht ein Kind, um glücklich, selbstbewusst, kreativ, intelligent und emotional gesund aufzuwachsen?

Unsere Gesellschaft kultiviert die Vorstellung, dass mit der richtigen Erziehung alles machbar ist und unterstellt, dass die

Eltern versagt haben, wenn der Nachwuchs Mist baut. Eltern müssen vor allem da sein, am besten rund um die Uhr: Schlüsselkinder hätten sehr viel wahrscheinlicher mit Drogen zu tun, seien früher sexuell aktiv und häufiger in gewalttätige Situationen verwickelt, meinen Brazelton und Greenspan mit Blick auf eigene Forschungen. Sie bleiben in ihrem Buch unbestimmt genug, so dass man ihren Ausführungen nicht wirklich widersprechen kann, wenn man es nur halbwegs gut mit der jüngsten Generation meint. Für unverzichtbar halten die Autoren das Bedürfnis nach beständigen liebevollen Beziehungen, nach körperlicher Unversehrtheit und Sicherheit, nach individuellen Erfahrungen, nach Grenzen und Strukturen, nach stabilen und unterstützenden Gemeinschaften, nach einer sicheren Zukunft für die Menschheit.

Wer wollte bestreiten, dass diese sieben Punkte für sich selbst sprechen und eine Qualität besitzen, die wir auch bei Lakritzkonfekt schätzen: macht Kinder froh und Erwachsene ebenso.

Empfehlungen für den reibungslosen Interaktionsfluss, das aufmerksame Interagieren, das souveräne Intermittieren und was sonst zwischen Mutter und Kind noch alles vorkommt, füllen die Seiten. Milder Tadel gilt den Müttern(!), die mit ihren häuslichen Aufgaben überbeschäftigt, etwa gar berufstätig sind und dieserhalb Explorationsaktivitäten ihres Kindes zu wenig unterstützen. Brazelton und Greenspan schildern mit erhobenem Zeigefinger, was passieren kann, wenn emotional ausgehungerte Krabbelkinder auf unterbezahltes Betreuungspersonal treffen – ein klares Votum gegen Tagespflege und für mehr elterliche Verantwortung. Gegen Letzteres wäre nichts einzuwenden, denn eine warme, liebevolle Beziehung zwischen Eltern und Kindern ist der Boden, auf dem alles andere gedeiht: ein positives Selbstbild, soziale, emotionale und intellektuelle Fähigkeiten erwerben Kinder zuerst im lebendigen Austausch mit ihren Eltern. Kinder und ihre Bedürfnisse in den Mittelpunkt zu stellen, durchzieht als ehernes Motto Brazeltons berufliches Leben. Das bleibt verdienstvoll, auch wenn den Autoren in diesem Buch das Herz für Kinder ein wenig zu Kopf gestiegen ist. Zu Brazeltons Grundüberzeugungen gehört es dabei auch, dass man gar nicht früh genug anfangen könne mit den Arbeiten am Optimum, denn für eine glückliche Kindheit ist es schnell zu spät. Experten wie diese beiden halten Eltern seit Jahren dazu an, mit ihren Babys einfühlsam zu interagieren, ihnen vorzulesen, sie mit klassischer Musik zu konfrontieren, um ihre intellektuelle, soziale und emotionale Entwicklung zu fördern.

»Gefährlicher Unsinn«, schimpft hingegen der englische Soziologe Frank Furedi und sieht die Symptome der »Eltern-Paranoia« grassieren. Der Frühförderungshype, der noch jede Verhaltensweise der Eltern mit einem negativen oder positiven Ergebnis in Verbindung bringt, verhindere, dass Eltern eigene Kompetenz und Autorität entwickeln können und nur den gängigen Ratschlägen rund um die Kindererziehung hinterherhetzen, um nicht die langfristige Entwicklung ihres Kindes zu gefährden. Erziehungsgurus wie Brazelton, die bloße Meinung mit Hilfe von Wissenschaft rechtfertigten, hätten Mütter und Väter in die Rolle dilettierender Amateure hineingedrängt, die als Einzige nicht wüssten, was gut für ihr Kind ist. Brazeltons Ansicht, dass die Erfahrungen der ersten drei Lebensjahre bestimmen, ob Kinder später zu friedlichen oder gewaltbereiten Bürgern werden und ob sie ihrerseits aufmerksame oder desinteressierte Eltern werden würden, lege den Eltern kleiner Kinder eine ungeheuer schwere Bürde auf – und lasse sie beim Tragen allein. Frank Furedis scharfsinnige Analyse moderner Erziehungsbeziehungen ist völlig frei von Kindertümelei und erinnert an die gesellschaftliche Verantwortung für die Erziehung von Kindern. Doch, so was gibt es!

Furedi feuert eine Breitseite guter Argumente in die Expertenrunde, die noch stets den Eindruck erwecken will, als seien die ersten Jahre mit einem kleinen Kind so kompliziert wie die Aufgabe, den Motor eines Kampfhubschraubers auseinanderzunehmen. »Der Ausdruck Unterstützung«, sagt er etwa, »ist nicht mehr als ein Euphemismus dafür, den Eltern Ratschläge und Seminare andrehen zu wollen, um sie mit Fähigkeiten auszustatten, die ihnen angeblich fehlen.«

Muss man Eltern wirklich sagen, dass sie sich an ihrem Kind erfreuen sollen? Sie dazu auffordern, mit ihrem Baby zu schmusen? Kommt die Unfähigkeit oder auch nur der momentane Unwillen von Eltern tatsächlich der Vorstufe zu einer Misshandlung gleich? Muss wirklich jedes Bubu machen vom hehren Zweck geheiligt werden, ein Knistern in den neuronalen Bahnen zu bewirken, wie Brazelton sich das vorstellt? »Kindererziehung«, stellt Furedi fest, »ist überhaupt keine Wissenschaft, sondern im Grunde ein sehr natürliches Unterfangen.« Solange Eltern ihr Bestes für ihr Kind tun, brauchen sie keine professionelle Hilfe. »Und dabei können sie es sich durchaus leisten, Fehler zu machen«, betont Furedi, »obwohl sie natürlich gut daran täten, aus ihnen zu lernen.«

6. Kapitel
Den Von-der-Leyen-Code knacken

Man hätte es ahnen können! Wenn man gewollt hätte. Denn Anhaltspunkte gab es ja genug, obwohl die Spuren außerordentlich clever verwischt wurden. Doch vorerst schöpfte niemand Verdacht, als mitten in die seltsamen Debatten um Frau von der Leyens verstörenden Vorschlag, Kinderkrippen in ausreichender Zahl für die unter Dreijährigen zu bauen, damit deren Mütter arbeiten gehen könnten, Eisbär Knut geboren wurde – um die Weihnachtszeit herum. Krippenzeit!

Knuts Mutter ließ es an dem nötigen Mutterinstinkt mangeln und kümmerte sich einfach nicht um ihren Kleinen. Sechs Stunden lang hat sie versucht, ihn an die Brust zu nehmen. Erfolglos. Da hat sie einfach das Interesse verloren. Stillprobleme, so was gibt es leider mitunter, eine Laune der Natur und wir wollen uns hier auch nicht mit langen Vorwürfen aufhalten. Schlimm genug das alles.

Gut, die Aufzucht von Eisbären in Zoos gilt als schwieriges Unterfangen, und es ist auch überhaupt nicht zu bezweifeln, dass dies, wenn überhaupt, einer Mutter noch am ehesten zuzutrauen wäre. Wenn da nicht irgendein Defekt gewesen wäre, so dass Knuts Mutter, dieses kaltschnäuzige, pflichtvergessene Luder, ihre Mutterpflichten einfach nicht übernehmen mochte. Und wie immer, wenn es irgendwo eine Mutter an Zuwendung gegenüber dem Nachwuchs fehlen lässt, übernimmt das stellvertretend die Öffentlichkeit und übt sich in mannigfach mokanten Kopfschüttelritualen und demonstrativen Mitgefühlsgebärden für das liebe Kleine. Erst recht, wenn das fragliche Kindchen süß ist. Und das sind sie, solange sie klein sind, ja eigentlich alle.

Also verliebte man sich kollektiv und vieltausendfach in den mutterlosen Eisbären Knut. Die Betreuungsfrage konnte glücklicherweise zügig gelöst werden: Eisbärpfleger Dörflein übernahm den Job und verhielt sich, wie man hört, durchaus erwartungsgemäß und mütterlich korrekt – aufopfernd, selbstlos und rund um die Uhr verfügbar. Zwar hatte er keine angemessen gemütliche Eis- oder Schneehöhle vorzuweisen, wie sie unter Eisbärenmüttern als Mindeststandard gilt, um den Nachwuchs warm, satt und sauber zu halten, und so verbrachte Knut die ersten 44 Tage seines nackten Lebens im Brutkasten. Aber Herr Dörflein wusste instinktiv um seine Verantwortung; so viel Rooming-in muss sein, und schlug sein Lager an der Seite des kleinen Eisbären auf. Knut wurde zum Flaschenfritzen, das ist zwar nicht ganz so gut wie ein Stillbaby, aber besser als gar nichts zwischen die Kiemen. Als Kleinkind verhielt sich Knut erwartungsgemäß. Wenn Herr Dörflein wegging, schrie er herzerweichend. Und genau wie eine gute Mutter ließ Pfleger Dörflein seinen Schützling nicht allein, sondern hörte sein flehentliches Quieken sogar bis in seine Träume hinein, fütterte auf Verlangen und spätestens alle zwei Stunden, knuddelte einfühlsam und vorsichtig, denn Knut, der Racker, biss und kapierte nicht, dass Herr Dörflein kein Fell hat. Auf Urlaub, Freizeit, Hobby und den ganzen anderen Selbstentfaltungsschnickschnack, auf den kinderlose Egoisten auf dem Karriereretrip bestehen, hat er erst einmal verzichtet, denn ganz wie eine richtige Mutter konnte er den Gedanken nicht ertragen, seinen kleinen Knut in fremde Hände zu geben. Was wir als schlagenden Beweis für eine reibungslos geglückte Bindung werten dürfen. Als Knutchen nämlich das erste Mal die Augen aufschlug, war es um das Herz des Bärenpflegers geschehen. Sie erkannten einander, und in diesem Augenblick waren zwei Seelen aneinander geschmiedet. Wenn in den ersten Wochen etwas schiefgelaufen wäre im vorbehaltlosen Rundumbetütteln, das auch das Geburtsrecht eines jeden Eisbärchens ist, dann hätte er sich das wohl nie verziehen. Also gab er alles und Knut wuchs und gedieh, und dank der öffentlichen Spielminuten von Knut und Herrn Dörflein, der schon bald über alle Artgrenzen hinweg als Ersatzmama von Knut galt, konnte sich die Welt davon überzeugen, dass Knut bei ihm in der tollsten Bärenkrippe der Welt in besten Händen war.

Der kleine Eisbär bekam sogar einen Patenonkel, den dicken Herrn Gabriel. Der versprach vor Publikum, fortan finanziell für Knuts Fresschen zu sorgen, denn von Luft und Liebe allein kann auch ein Eisbär nicht leben. Man hätte stutzig werden können, denn die Mission der Patenschaft hätte doch der Familienministerin viel besser angestanden – einesteils wegen der thematischen Verwandtschaft und politischen Delikatesse der Materie, andernteils wegen der bestimmt nicht zufälligen Namensähnlichkeit. Ursula, das heißt doch: die Bärin.

Böse Zungen argwöhnten indessen, Herr Gabriel rückte nur deshalb so nahe an das Eisbärkind, um von den verliebten Blicken des Volkes wenigstens ein paar beiläufige auf sich selbst zu ziehen und so den eigenen Niedlichkeitsfaktor geschickt medial zu steigern. Doch das war ein geschicktes Ablenkungsmanöver, auf das wir alle hereingefallen sind. Wie auch die offizielle Erkundung des Herkunftsmilieus des Eisbären, die Herrn Gabriel an der Seite seiner Chefin jüngst nach Grönland führte. Angeblich handelte es sich um das Klima, in Wirklichkeit ging es darum, jugendfürsorgerisch tätig zu werden, denn Knut nähert sich einer schwierigen, höchst krisenanfälligen Lebensphase: der Adoleszenz.

Kein Zweifel, Herr Gabriel handelte in höherer Mission, als

er höchst ehrenhaft die Aufmerksamkeit auf sich zog – und damit vom eigentlichen Sinn der Übung ablenkte. Ja, es steht zu vermuten an, dass es sich um eine Art geheimer Kommandosache handelt, die zu Propagandazwecken im Familienministerium ausgeheckt wurde.

Der Von-der-Leyen-Code ist nunmehr geknackt: Fremdbetreuung kann für Kinder unfähiger Mütter (und das sind wir doch alle) ein Segen sein und hätte, ach, über frühe staatliche Intervention im Sinne des Kindeswohls dem anderen Bären, Bruno, der belastet mit Migrationshintergrund und beladen mit der schweren Hypothek mütterlichen Versagens auf die schiefe Bahn geriet und ein schlimmes Ende fand, wahrscheinlich das Leben gerettet. Die Botschaft ist entschlüsselt: Ohne Mutti geht es auch.

II. Teil

Mütter sind zu doof,
um dieser Verantwortung
auch nur annähernd
gerecht zu werden

1. Kapitel
Von Mutterkindern und Kindermüttern

Kurz vor der Klassenfahrt der fünften Klasse werden auf dem Elternabend noch einmal alle Details der bevorstehenden Unternehmung genau besprochen. Die Packliste des Lehrers hat uns nun schon vor Wochen mit Anweisungen überrascht, wonach wir zum Beispiel Unterhosen und Socken in ausreichender Stückzahl, einen Schlafanzug und feste Schuhe mitgeben sollen, die Dichtigkeit der Trinkflasche überprüfen müssen und das Kuscheltier nicht vergessen dürften. Wir, nicht etwa die Kinder! Was wäre auch von einer Mutter zu halten, die es an solch leibwarmer Fürsorge missen lässt und schusselig, wie sie ist, das arme Kind ohne Kuscheltier in die kalte Welt schickt. Unverzeihlich! Ob ein zehnjähriges Kind, das sein Kuscheltier vergisst, es vielleicht einfach nicht mehr braucht, um sich fern von Mama in den Schlaf zu schnuffeln, wäre jetzt genau eine Frage zu viel, jedenfalls für einen Elternabend, an dem die mütterliche Sorge angesichts der bevorstehenden Trennung von ihren Kindern demonstrativ wogt und bebt und Blasen wirft.

Auch mahnt die Liste das Mitführen einer Brotbox an, denn so ein Gerät, erfahren wir, ist »nicht nur sinnvoll, sondern auch umweltfreundlich«. Aha. »Regenbekleidung ist Pflicht!!«, »Gummistiefel (??)« optional. Bettwäsche werde gestellt, aber »selbstverständlich kann der Lieblings-Kopfkissenbezug mitgenommen werden!« Wir atmen auf, denn zu was für nächtlichen Irritationen es führen kann, wenn Zehnjährige zehn Tage lang auf einem anderen als dem Lieblingskissen schlafen müssen, kann man sich ja vorstellen.

Und das beschäftigt uns jetzt auch noch: Wer, wann und wie

die Telefonkette auslöst, wenn die Nachricht eintrifft, dass die Kinderchen gut angekommen sind und was man macht, wenn die Anzurufende nicht da ist und ob man dann diese eine überspringen kann, damit die Kette nicht abreißt? Wäre ja an sich schon eine Ungeheuerlichkeit, wenn die drei Stunden um den mutmaßlichen Ankunftszeitpunkt herum die Mutter nicht erreichbar wäre. Doch, so was hat man alles schon erlebt und da muss jetzt »im Vorfeld«, heißt es, genau besprochen werden, wie man sich dann verhält. Und wie man es umgekehrt macht, damit auf der Rückreise nichts schiefgeht und die lieben Kleinen auch wirklich alle punktgenau ihren herbeigeeilten Müttern wieder in die Arme sinken können.

Ob jetzt jede Mutter einzeln ihrem Kind ein Paket mit Süßigkeiten schickt? Allerdings hat doch der Lehrer die Auflage gemacht, dass in diesem Fall dann für die anderen 27 Kinder auch etwas dabei sein muss. Also 28 Lutscher und der Rest ist Privatsache des eigenen Kindes. Oder eine Bonbontüte? Da weiß man ja nicht genau, wie viele drin sind und ob das für alle reicht. Hm. Wäre doch auch zu wenig, nur ein Bonbon für die Gemeinschaft und ein Haufen Süßes für das eigene. Vorschläge jagen Bedenken, Ideen und Anregungen fliegen durch die Luft, werden wieder verworfen. Wo sind eigentlich die ökologisch einwandfreien Industriezuckerverächterinnen, die Glutamat-Guerilleras, all die Rogg'n'Roller und bekennenden Naturtrüben aus Vorschulzeiten geblieben? Wie uns die Zeiten ändern. Perdu – der Chupa-Chup-Lutscher – hat das gelatinefreie Gummibärchen aus Johannisbeermarmelade besiegt, Marshmallows haben das Honig-Knusperli verjagt, selbst der zuckerfreie Sesam-Dinkel-Riegel ist der überlegenen Präsenz von Push-Pops, quietschsüßem Lakritzkonfekt und gemeinem Schokoriegel gewichen. War wohl auch nur eine Phase im phasenreichen Leben von Mutter und Kind. Jedenfalls kommt das ernährungsphysiologisch unbedenkliche Sortiment in der munteren Erörterung möglicher Wohltaten für die verreisten Kinder jetzt nicht mehr vor.

Dann meldet sich die stellvertretende Stellvertreterin der Elternsprecherin mit einem Blitzen in den Augen, das einer Jeanne d'Arc auf dem Weg zum Scheiterhaufen würdig gewesen wäre. Ihr Vorschlag, am Abreisetag in einer großformatigen Reisetasche alle Süßigkeiten bei den Eltern einzusammeln, um sie dann in einem großen Paket als tolle Überraschung an die ganze Klasse zu schicken, trifft auf erleichterten Beifall. Die wenigen Unterschichtsmütter klatschen, die mit universitärer Vorgeschichte klopfen mit den Knöcheln auf den Tisch und die mit Migrationshintergrund schauen verstört zwischen beiden Fraktionen hin und her. Geschafft! Nächster Punkt.

Die Impfbücher und die Krankenversicherungskarten mögen in einen Umschlag gesteckt und dem Lehrer bis Freitag überreicht werden. Da meldet (!) sich eine Mutter und fragt: Soll ich den Umschlag zukleben oder offen lassen?

Ja, das ist eine schwierige Frage. Ich denke bis heute über die richtige Antwort nach. Und das ist keineswegs die erste und einzige schwierige Frage, die Nachdenken, Zweifeln und Abwägen erzwingt und allgegenwärtige Unsicherheit bewirkt, die sich noch stets in filigrane Schuldgefühle verästelt. Im Grunde ist der Weg vom positiven Schwangerschaftstest bis zu dem Moment dereinst, wenn der Umzugswagen vor dem Hotel Mama parken wird, mit schwierigen Fragen gepflastert – weil einfach alles, was mit dem Kind zu tun hat, bohrende Fragen aufwirft, die nach patenten, wissenschaftlich fundierten und machbaren Lösungen schreien. Instinkten, Bauchgefühlen, der inneren Stimme oder gar dem gesunden Menschenverstand dürfen wir nicht mehr trauen. Ausgerechnet wir, die wir für alles verantwortlich zeichnen, was das Kind betrifft, haben nämlich keine Ahnung und hinterlassen bei unseren Mitmenschen meistens wenig mehr als den zweifelhaften Eindruck, zu dumm zu sein, um zu einer Gans buh zu sagen. Darunter leiden wir meist still: Man muss nur einmal mit ansehen, wie sich eine Mutter auf die strenge Frage der Zahnarzthelferin, ob sie denn dem Kind regelmäßig die Zähne putze, in verlegene Ausreden verhaspelt. Oder bei der Schuleingangsuntersuchung zusammenzuckt, wenn nach dem Vorhandensein von Buntstiften im Haushalt gefragt wird. Oder lammfromm mitschreibt, wenn eine Lehrerin auf dem Elternabend verkündet, sie erwarte von den Eltern, dass sie ihre Hausaufgaben zuverlässig erledigen. Deshalb lassen sich erwachsene, normal begabte, gesunde Frauen bereitwillig erklären, wie man einen Fencheltee kocht oder ein Zäpfchen einführt, dass Kinder auf Klassenfahrt Unterhosen brauchen oder müde Kinder ins Bett gehören.

2. Kapitel

Das Drama der begabten Frau

Nicht dass die Mutterschaft automatisch unglücklich macht – im Gegenteil: Wenn die Kinder gedeihen, geht es auch den Müttern gut. Schwangerschaft, Geburt und das Leben mit Kindern können Gefühle wecken, die man sich vorher nicht im Traum ausmalen konnte: himmelhohes Jauchzen, kellertiefe Betrübnis, überschwengliches Entzücken und heiß auflodernde Angst, und auch bodenlose Wut, rasender Zorn neben hingerissenem Staunen und sich überschlagenden Wellen von Zärtlichkeit. Kinder sind zwar nicht die Antwort auf die Frage nach dem Sinn des Lebens, doch sie verhindern zuverlässig, dass man sich die Sinnfrage stündlich stellt. Schon das geringelte T-Shirt, nicht größer als ein handelsüblicher Topflappen, das flaumige Köpfchen im Kinderwagen der Nachbarin und erst recht der Duft nach Milch und Liebe, wenn man ein Baby im Arm hat, genügt, um bei den meisten Menschen schwelgerisches Entzücken auszulösen. Wer einmal mit den elementaren Lebenskräften in Berührung kam, wie eine Mutter das bei der Geburt ihres Kindes erlebt, sieht die Welt unter Umständen mit anderen Augen. Das hört bei der Neigung, in Tränen auszubrechen, wenn im Fernsehen von Kindesmissbrauch oder katastrophalen Kriegen und Hungersnöten, in denen Kinder sterben, die Rede ist, noch lange nicht auf. Offenbart nicht die Mutterschaft ihren wahren Charakter als die am stärksten bewusstseinsverändernde Droge? Doch worauf Mütter am wenigsten gefasst sind, ist ihre merkwürdige Verwandlung in ahnungslose Kinderbetreuerinnen, unbezahlte Dienstmädchen, klägliche Erziehungsversager und Sündenböcke für alles Mögliche. Plötzlich redet man mit uns als seien wir Kinder, und nur weil man sich angewöhnt hat, Kinder zu belehren, zu kontrollieren und zu unterweisen, lässt man denselben Ton jetzt denen angedeihen, die angeblich für die Kinder alleine zuständig sind und ihnen über den Transmissionsriemen beständiger Liebe und tätiger Einfühlung so nahestehen wie niemand sonst.

Unter all unseren Kümmernissen um die beste Ernährung, die wahre Erziehung, die richtigen Windeln, die Qualität der Beziehung, den tollsten Kindergeburtstag, die optimale Förderung und maximale Sicherheit für das uns anvertraute junge Leben lauert das zutiefst beunruhigende Gefühl, dass wir all dem nicht wirklich gewachsen sind. Weil uns die moderne Fachliteratur immerzu absichtlich oder beiläufig das Gewicht unserer alleinigen Verantwortung unter die Nase reibt, tragen wir schwer am Gefühl der eigenen Unzulänglichkeit und haben ein gewisses Selbstvertrauen in unsere Fähigkeiten längst eingebüßt. Und es braucht ein gerütteltes Maß an Selbstbewusstsein, sich als nichtautorisierte Expertin dem Baby-Schwimmkurs zu entziehen oder dem Französischunterricht für Krabbelkinder zu entsagen oder Klavierstunden für Zweijährige für verzichtbar zu halten, während die Experten nicht müde werden zu warnen, dass sich bestimmte Entwicklungsfenster schon bald schließen werden.

Statt jedoch die verwirrende Doppeldeutigkeit und verstörende Vielfalt der schier übermenschlichen Anforderungen des alles überstrahlenden Mutterideals in Zweifel zu ziehen, gehen wir lieber gründlich mit uns selbst und bei jeder Gelegenheit mit den anderen Müttern ins Gericht. Wir wollen unbedingt alles richtig oder wenigstens besser als andere Mütter machen und lassen uns auch nicht lange bitten, mit mütterlichen Liebkosungen dem Nachwuchs das Fundament für ein Leben in seelischer Gesundheit zu legen. Aber grundsätzlich sehen wir immer das als Fehler und Versagen an, was uns die gerade angesagten Experten als Fehler und Versagen darstellen. Je mehr wir uns ins Zeug legen, wirklich keine Fehler zu machen, desto unsicherer werden wir, desto weniger scheinen wir zu wissen, was für unsere Kinder das Richtige ist. »Über die Kinder wird ein Netz von Theorien geworfen und mit demselben Netz werden auch die Mütter gefangen. Denn als Resultat der einschlägigen Fortschritte in Pädagogik, Psychologie, Medizin steht mehr Wissen zur Verfügung und wird populärwissenschaftlich verbreitet, und als gute Eltern gelten nun die, die sich dieses Wissen aneignen zum Wohle des Kindes«, schreibt die Soziologin Elisabeth Beck-Gernsheim zum Dilemma der Frauen zwischen Kinderwunsch und Unabhängigkeit.

Von allen guten Geistern verlassen taumeln wir im Dauerbeschuss aus den Salven der Ratgeberliteratur, wird uns schwindelig bei den Explosionen der Erziehungsmoden und zucken wir unter den Giftpfeilen der Kinder-Kriegerinnen zusammen. Im Epizentrum dieses Bebens um die ideale Mutter und das perfekte Kind tobt ein entfesseltes Rudel rivalisierender Experten, deren Empfehlungen und Anweisungen wir nur unter Strafe bleibender Schädigung unserer Kinder ignorieren dürfen. Schon allein der Gedanke, die Seele unseres Kindes verletzt zu haben, lässt uns schaudern – welche Mutter hört und liest schon von ihrer ungeheuren Macht über das Schicksal ihrer Kinder, ohne innerlich zusammenzuzucken?

Zeigt mir eine Mutter, die es noch nicht wenigstens einmal an der gebührenden Aufmerksamkeit gegenüber ihrem fragenden und ständig plapperndem Kind hat fehlen lassen und die es nicht manchmal versäumt, einen anregenden lehrreichen Sonntagsausflug zu gestalten oder zu müde und schlechtgelaunt ist, um angemessenes Entzücken über ein selbstgemaltes Bild, ein selbstgeschriebenes Gedicht oder eine selbstgetretene Runde auf dem Fahrrad zu zeigen – und ich zeig euch eine, die lügt.

Welcher Mutter ist noch nie der Kragen geplatzt, und sie hat erst losgebrüllt und dann ist ihr vielleicht sogar die Hand ausgerutscht? Nach gängiger Expertenmeinung reichen solche Ausrutscher manchmal schon hin, um den Keim späterer Störungen in die Kinderseele zu legen.

Wir sitzen in der Falle: einerseits sind wir der Hauptantrieb der kindlichen Entwicklung, andererseits das Haupthindernis dieser Entwicklung. Zwar betont man immer wieder unsere natürlichen Fähigkeiten, den Anforderungen der Mutterschaft gerecht zu werden, indem wir auf unsere Instinkte horchen, doch diese Beschwörungen klingen so seltsam widersprüchlich wie die Aufforderung, doch endlich mal spontan zu sein. Auf wen sollen wir hören? Wem sollen wir trauen? Ratgeber in Buchform, die uns aufgeben, »instinktiv das Richtige« zu tun, sind wenig hilfreich: Wenn wir das wüssten, bräuchten wir keines dieser Bücher zu kaufen.

3. Kapitel

Ratschläge sind auch Schläge

Nichts gegen Erziehungsratgeber, die man zweifellos als Informationsfundus zu medizinischen Fragen wie Dreimonatskoliken, Zahnen, das Für und Wider von Schutzimpfungen oder Verhaltensweisen wie Daumenlutschen, Bettnässen, Alpträume und auch den lästigen nächtlichen Tatendrang von Kleinkindern nutzen kann. Immerhin liefert uns die Empfängnis nicht automatisch den wissenden Blick auf alle Irritationen und die lächelnd-überlegene Sachkenntnis in allen Lebenslagen mit. Kinder liefert die Natur ohne Gebrauchsanleitung, aber das nehmen wir im Allgemeinen nicht als Segen. Wenn der Bauch sich allmählich rundet, hat man das Reich der Selbstverständlichkeiten in Wahrheit längst verlassen und betritt schwankenden Boden, auf dem sich offenbar nichts mehr von selbst versteht. Im Laufe ihres Erzieherlebens sehen sich Eltern unzähligen Entscheidungen gegenüber, sie müssen immer wieder Pro und Contra abwägen und die möglichen Folgen bedenken. Dabei sollen sie auf ihre Intuition hören, aber auch die Stimme der Vernunft mitreden lassen. Sie sollen planen, absprechen und vorbereiten, aber auch gelassen und locker bleiben. Sie sind gehalten, kurz nach der Geburt den PEKiP-Kurs zu buchen, mit Babyschwimmen zu ergänzen, und sich in die Anfangsgründe der Babymassage einzuarbeiten. Später sollen dann Yoga-Kurse, Eltern-Kind-Turnen und Spielgruppen besucht werden, und mit der musikalischen Früherziehung darf man auch nicht zu spät beginnen. Gleichzeitig erfahren wir, dass das Baby aber auch ganz prächtig gedeiht, wenn wir all das nicht tun und ihm nur ein liebevolles Zuhause mit Ritualen, Rhythmen und vielen Anregungen bieten.

Stillen oder Fläschchen, Kügelchen oder Penicillin, Playmobil oder Lego, Fußball oder Judo, Realschule oder Gymnasium – nahezu jeder Aspekt von Liebe, Zeugung und Geburt, Windeln, Wandel und dem Wunder des Aufwachsens kann eine Kontroverse auslösen, gewöhnlich genau in dem Moment, in dem wir das am wenigsten gebrauchen können. »Schlimmer noch: Viele Eltern, denen es sowieso an Selbstvertrauen mangelt, bekommen auch noch das Gefühl, unter ständiger Beobachtung zu stehen«, sagt Frank Furedi. Und weiter: »Da Erziehungsfragen so stark in den Mittelpunkt öffentlichen Interesses gerückt sind, sehen sich Eltern gezwungen, jede ihrer Handlungen Lehrern, Ärzten und anderen Fachleuten gegenüber zu rechtfertigen. Es überrascht nicht, dass Eltern, die sich so exponiert fühlen, Schwierigkeiten haben, Entscheidungen zu treffen, und nicht wissen, ob sie überhaupt in der Lage sind, alles richtig zu machen.«

Ein Weg, wie Eltern ihre Aufgabe zu meistern versuchen, besteht darin, sich strikt nach den Empfehlungen und Vorschriften der fachlichen Kapazitäten zu richten. Dumm nur, dass Empfehlungen, die zuerst mit großem Nachdruck ausgesprochen werden, sich häufig kurze Zeit später entweder als überflüssig, unsinnig oder sogar gefährlich herausstellen. Expertenratschläge helfen manchmal herzlich wenig – zum Beispiel, wenn es um das Für und Wider der Berufstätigkeit von Müttern geht. In der Frage, wie lange eine Mutter mit einem neugeborenen Kind zu Hause bleiben soll, empfahl T. Berry Brazelton im Jahr 1986 »immer«, relativierte nur sieben Jahre später auf ein Minimum von drei Monaten. In den fünfziger und sechziger Jahren verkündeten Experten einhellig, Kinder unter drei Jahren seien auf die ständige Anwesenheit ihrer Mütter angewiesen. Benjamin Spock erklärte 1946, die Berufstätigkeit der Mutter vor dem dritten Lebensjahr ihres Kindes könne schädliche Folgen haben. Dreißig Jahre nach dem ersten Erscheinen seines Klassikers, der die Berufstätigkeit von Müttern noch in einem Atemzug mit katastrophalen Ereignissen wie Scheidung oder Tod eines Elternteils nennt, ändert Spock seine Meinung und räumt ein, Mütter könnten jetzt doch berufstätig sein, ohne ihren Kindern allzu sehr zu schaden und vorausgesetzt, sie fänden eine optimale Betreuung für sie.

Die Zeiten hatten sich eben geändert: Bis weit in die siebziger Jahre hinein war die Zahl berufstätiger Mütter so stark angewachsen, dass sich eine einseitige Ablehnung nicht mehr aufrechterhalten ließ. Plötzlich kamen liberale und feministische Expertenautoren zu Wort und versicherten, dass die Berufstätigkeit der Mutter viele Vorteile für das Familienleben mit sich bringe. Die trügerische Akzeptanz mütterlicher Berufstätigkeit jedoch verführte ihre Gegner dazu, eine neuerliche Salve auf die Mütter abzufeuern – ein explosives Gemisch von Wissenschaft und verschwiemelter Sentimentalität: Sie unterstellten nassforsch und unbeeindruckt, dass Kinder, die in Kitas gehen, schlechtere Schulleistungen erbringen und auffälliges Verhalten an den Tag legen und die Praxis der außerfamiliären Betreuung das Familienleben zerrüttet. Um eine Antwort nicht verlegen bedienten sich die Befürworter der Außer-Haus-Betreuung ebenfalls der Methode, ihre Meinung mit allerlei wissenschaftlicher Erkenntnis zu rechtfertigen. Sie führten Studien an, die wiederum unterstrichen, wie gut dem Kind und seiner Entwicklung die professionelle Betreuung in der Kita tut. Feministische Autoren lenkten von der abwesenden Mutter ab und nahmen den abwesenden Vater in den Blick. Bis heute hält sich die Expertenmeinung, wonach das Engagement des Vaters die intellektuelle und emotionale Entwicklung des Kindes nachhaltig beeinflusst. Den ursächlichen Zusammenhang zwischen abwesendem Vater und geschädigtem Kind bleiben zwar auch die Fans des väterlichen Bondings bis heute schuldig, doch das hält niemanden davon ab, diese These mit reichlich Verve zu vertreten.

Selbstredend kommt die Idee, sich einfach für das Recht der Frauen, genauso wie Männer einem Beruf nachzugehen, in all diesen Erziehungshandbüchern nicht vor. Sympathieträger ist allein das Kind.

Der bahnbrechende Erfolg von Benjamin Spocks *Säuglings- und Kinderpflege* entfesselte jedoch einen ganzen Wie-erziehe-ich-richtig-Boom, der sich in zahllosen Büchern, Fernseh- und Radiosendungen, Kummerkästen in Zeitschriften und Familienmagazinen entlädt. Sie alle belehren, klären auf, schreiben ganz normalen Müttern vor, was sie zu tun haben. Dass Entwicklungspsychologen wie Spock, Spitz und Bowlby ihre Theorien auf der Grundlage ihrer Beobachtungen in Waisenhäusern, Kinderheimen und Krankenhäusern gewannen und keineswegs in ganz normalen Familien forschten, tat ihrer Glaubwürdigkeit offenbar keinen Abbruch.

Manche Empfehlungen haben dramatische und bizarre Folgen – für die Mütter, nicht für die Experten. So galt es beispielsweise lange als bedauerlicher Schicksalsschlag, ein Kind mit Down-Syndrom zur Welt zu bringen. Als sich mit den technologischen Möglichkeiten vorgeburtlicher Diagnostik auch die Gelegenheit eröffnete, früh am Fötus den Defekt zu erkennen, rieten die Experten zum Abbruch der Schwangerschaft und übten einen nicht geringen Druck auf Frauen aus, sich der drohenden privaten und gesellschaftlichen Belastung durch ein behindertes Kind frühzeitig zu entledigen. Heute beenden weit über 90 % der Frauen mit dieser Diagnose schleunigst die

Schwangerschaft, auch um dem schlechten Gewissen zu entgehen, das sich einstellt, weil man offenbar nicht in der Lage ist, der Welt ein intaktes gesundes Kind zu schenken. Und nun rudern die Experten zurück. Namhaften Gynäkologen und Geburtsmedizinern ist jüngst aufgefallen, dass man kaum noch Kinder mit Down-Syndrom sieht und wenden ein, dass damit der Vielfalt menschlichen Lebens etwas verlorengegangen ist – mit beträchtlichen Folgen für die wünschenswerte Toleranz gegenüber Behinderten, Kranken, Andersartigen. Und sie wünschen sich von den Frauen, etwas länger und genauer zu überlegen, bevor sie sich zum Schwangerschaftsabbruch entschließen würden. Zwischen Diagnose und Eingriff vergingen nämlich höchstens ein, zwei Wochen und das sei unter Umständen zu knapp, um eine wirklich fundierte Entscheidung treffen zu können – jedenfalls für Menschen, denen man offenbar eine verantwortungsvolle Entscheidung sowieso nicht ohne weiteres zutrauen kann.

Doch auch in weniger dramatischen Fällen reift der Verdacht, dass Kinder zu kompliziert, die Erziehung eine Wissenschaft und Elternliebe eine Kunst und das alles viel zu wichtig sei, um sie unwissenden und inkompetenten Müttern zu überlassen. Fortbildungsprogramme, Online-Angebote, Broschüren, Lehrfilme, Zeitschriften und ein ganzer Berg einschlägiger Literatur machen sich anheischig, uns in das Mysterium des Mutterseins einzuführen. Sehr bewusst muss man das alles tun, beiläufig geht da gar nichts. Seit Mutter und Kind heute so eng zusammengerückt sind wie noch nie zuvor, feiert der alte patriarchalische Generalverdacht, Frauen funktionierten eher kindhaft, emotional bis hysterisch übersteuert und auf einer niedrigeren Ebene als Männer, fröhliche Urständ, nur logisch, dass sie daher auch mehr der (männlichen) Belehrung und Anleitung wie Kinder auch bedürfen. »Auf heimtückische Weise werden Emotionen mit Kind-Sein assoziiert, etwas, aus dem man herauswächst mit Hilfe des Vaters«, schreibt Angela Barron McBride, »von dem man annimmt, dass er sein Verhalten besser unter Kontrolle hat.« Ganz ähnlich wie das Besserwissertum der Expertenzunft, die den im Östrogenrausch verfangenen Müttern ansagen, wo's langgeht. Die Fragen seien erlaubt: »Kann die gefühlsbetonte Mutter nicht auch rational sein? Haben wir uns etwa schon so tief im Dickicht der Aufsplitterungen und Denkschablonen verirrt, dass wir uns eine Mutter nicht einmal mehr vorstellen können, die sowohl über eine Beule am Kopf hinwegtrösten als auch ihr Kind dafür begeistern kann, ein Jahr im Ausland zu studieren, um sich ein bisschen den Wind der Welt um die Nase wehen zu lassen? Kann eine Mutter nicht beides sein, aufopfernd und herausfordernd, umsorgend und doch in der Lage, die Selbständigkeit des Kindes zu fördern? Gibt es keine Mutter, die ein relativ neutrales Urteilsvermögen besäße?«

Wohl eher nicht. Wir ahnen es schon: Mit einem Baby wird alles anders, so drohen mannigfach einschlägige Publikationen im selben Tonfall, den wir schon aus den Wochen vor dem ersten Schultag vor vielen Jahren kennen, als die Erwachsenen raunten, dass der Ernst des Lebens jetzt beginnt. Und wie damals ranken sich die Geschichten, wuchern die Gerüchte und erzählt jeder etwas anderes. Inzwischen erwachsen geworden, bereiten wir uns jetzt mit der Lektüre einschlägiger Zeitschriftenartikel auf das große Ereignis vor. Als blutige Anfänger sind wir besonders empfänglich für Ratschläge aller Art. So sind wir dankbar für die »einfühlsame Stillberatung aus erster Hand« des Bundes Deutscher Hebammen, kaufen Nachschlagewerke über E-Nummern in Nahrungsmitteln, Zusatzstoffe in Limonaden und informieren uns in ministeriellen Broschüren, »wie Eltern die Zahnentwicklung ihrer Kinder unterstützen können«. Wir stöbern online in den leckeren Rezepten des Berufsverbandes der Kinder- und Jugendärzte und vertiefen uns in die Anleitung zur Herstellung heilender Heißgetränke. Wir haben längst alle ausführlichen Ratgeber zu Milchstau, Schulanfang und mutmaßlicher Hochbegabung aus dem Internet gefischt und glauben dem Online-Versprechen nur zu gerne: »Wir sind für Sie da!« Und so vergewissern wir uns: »Mein Kind ist drei und spricht immer noch weniger als 20 Worte. Ist das normal?« – »Meine zwölfjährige Tochter möchte bei ihrem Freund übernachten. Muss ich das dulden?« – »Mein achtjähriger Sohn will am Strand die nasse Badehose nicht wechseln. Darf ich ihm ein Handtuch vorhalten oder wird er dann verklemmt?«

Wir vertiefen uns tagelang in Vergleiche zwischen verschiedenen Kinder-Trolleys und erwerben den Testsieger – warum es dem Nachwuchs unnötig schwermachen, wenn man selbst mal keine Zeit hat, ihm den Ranzen in die Schule zu tragen?

Emsig und ergeben empfangen wir Tipps dahingehend, wie wir die Lernfreude unseres Kindes fördern und erhalten können: »Pflegen Sie den guten Kontakt zu Ihrem Kind und haben Sie stets ein offenes Ohr für seine Probleme.« (Nicht lachen!) »Besorgen Sie sich entsprechende Ratgeber in Buchhandlungen oder Büchereien.«

Herrscht dann doch anhaltende Funkstille im Oberstübchen, machen wir uns beflissen und hoch engagiert daran, das Lernverhalten des kleinen Schätzchens zu optimieren. »Welcher Zensuren-Typ ist mein Kind?«, nimmt uns eine Familienzeitschrift die Frage aller Fragen aus dem Mund. »Frust-Muffel oder Natürlicher-Ehrgeiz-Kind oder Glück-und-Pech-Kind?«

Checklisten zur Einstufung helfen uns beim Erkennen jedweder Gemengelagen. Ganzheitliches Lernen sei wichtig, lören wir und nicken, und lassen uns prompt belehren: »Damit ein Talent sich entfalten kann, braucht es Förderung. Nur in Ausnahmefällen entwickeln sich Talente von ganz allein. Bis zur Einschulung kommt es darauf an …«

Zur sozialmedizinischen Entourage eines modernen Kindes gehört der Kinderarzt des Vertrauens, dem der Nachwuchs in regelmäßigen Abständen vorzustellen ist und der nicht erst im Notfall ans Krankenbett gerufen wird. Wie findet man einen, der zu einem passt? Ganze 36 Punkte umfasst ein aktueller Kinderarzt-Check in einer Familienzeitschrift, der mit Hilfe knallhart investigativer Fragen anleitet, wie das eine Goldstück unter den vielen Kieseln zu ermitteln ist: »Ist das Wartezimmer ein großer Spielplatz, die Wände in warmen Pastellfarben getönt? Ist er fachlich auf dem neuesten Stand? Privat erreichbar? Wie gut hat er seine Praxis organisiert? Ist sein Team fit? Hat er einen Anrufbeantworter, der außerhalb der Sprechzeiten alle Vertreter, Kliniken und Notaufnahmen der westlichen Hemisphäre aufsagt? Habe ich das Gefühl, seine Kontrolle ist gründlich, die Diagnose sicher?« Weiß der Himmel, woher ich das wissen soll, ohne mich nebenbei zur Koryphäe in der Kinderheilkunde weitergebildet zu haben. Doch mit der ganzen Wucht meiner Betroffenheit als bewusste Mutter eines einzigartigen Kindes wird er sich meinen inquisitorischen Fragen stellen müssen.

Nicht nur wenn sich der Nachwuchs in schulmüder Meuterei ergeht, sagt mir jemand, was ich tun soll – spannende Spiele, hochwertiges Edutainment und maßgeschneiderte Lernsoftware –, sondern auch beim Verreisen brauchen Mütter Anleitung. »Kranken-, Haftpflicht-, Unfall-, Reisekranken- und Reiserücktrittsversicherung, das brauchen Sie für den Urlaub.« Und in punkto »Betreute Kinderferien« sollen wir vor allem darauf achten: »Da wäre die Betreuung. Dieser Punkt trägt erheblich zum Urlaubserfolg bei.«

Es mag ja sein, dass Frauen ihren Kopf nur haben, damit die Wimperntusche irgendwo hält, aber deswegen geht ihnen der ganze Mist trotzdem auf den Wecker, wenn sie von allen Seiten beschossen werden. Doch, doch, gute Ratgeber können uns kindliches Verhalten erklären, wo wir es nicht verstehen, und Schwierigkeiten, die das Zusammenleben mit Kindern unweigerlich bereithält, auf tröstliche Art relativieren. Das ist nützlich und hilft uns, vernünftige Entscheidungen zu treffen. Außerdem vermitteln sie lesenden Eltern, dass nicht nur sie allein mit diesem oder jenem störenden oder besorgniserregenden Verhalten ihrer Kinder konfrontiert sind, sondern solche Ärgernisse wie Trotz, Lügen, Diebstahl und unflätiges Benehmen der lieben Kleinen und das Befremden ihrer Eltern darüber in den besten Familien vorkommen. Viele Ratschläge, Tipps und Erklärungen sind hilfreich, manche sogar brauchbar und wirksam, besonders da, wo kein Patentrezept ausgesprochen und keine einzig richtige Verhaltensweise oktroyiert wird. Häufig sind die widersprüchlichen Ratschläge verschiedener Experten aber auch der Grund für noch mehr Zweifel und den Verlust jeglicher Orientierung. Den einen Erziehungsguru, der wie etwa Benjamin Spock das erzieherische Verhalten einer ganzen Generation prägt, gibt es heute nicht mehr. Stattdessen bevorzugen Eltern diejenigen Autoren, die ihre ganz eigenen speziellen Interessen und Bedürfnisse artikulieren. Wie man Grenzen setzt, was Kinder gerne essen, ob man mit 40 zu alt für ein Baby ist, wie man Hochbegabung/Legasthenie/ADHS beim eigenen Kind erkennt, und wie man Kinder ohne Vater großzieht, was an Einzelkindern zu beachten ist, wie man eine Ehe in Schuss hält oder ob eine Familie zu zweit auch genügt — das alles erfahren wir aus Büchern, die uns direkt da abholen, wo wir stehen: als Jungs- oder Mädchenmutter, als späte Mutter, als glücklich alleinerziehende Mutter, als ehrgeizige Supermutter, als Ökomutter oder bekennende Rabenmutter. Wenigstens vage davon auszugehen, dass sich die grundlegenden Bedürfnisse von Kindern doch nicht allzu sehr unterscheiden dürften, wäre einfältig und beinahe schon als eine Vorstufe der Kindesmisshandlung zu werten, deshalb kriegen wir für jede Sorte Kind und jede Form der Familie und jede Lebenslage den passenden Ratgeber präsentiert.

Außerdem gibt es einfach zu viele Bücher, Broschüren und wissenschaftliche Erkenntnisse, denen gleichzeitig andere wissenschaftliche Erkenntnisse widersprechen. Das überbordende Angebot an Ratschlägen verwirrt nicht nur, sondern lässt Müttern im medialen Stakkato immer neuer Fachbegriffe und Erkenntnisse die Ohren klingeln. Wir Mütter schwimmen wie Treibgut im Meer modischer Erziehungsstrategien, konzentrierter Gesundheitsfürsorge und einfühlsamer Sicherheitsverwahrung unserer Kinder; wir leben ständig in der furchtsamen Erwartung, alles, was wir bisher getan haben, als falsch entlarvt zu sehen und an den Klippen der Optimierung des eigenen Kindes gestrandet zu sein. Und wir benehmen uns dabei immer häufiger wie charakterlose Streber, die nur danach trachten, die anderen auszustechen, um auf dem dunklen Hintergrund des kläglichen Versagens der Banknachbarin den eigenen Stern umso heller strahlen zu lassen.

Doch wenn die Ratschlagerei im Eifer des Gefechts um das Kind einen unübersehbaren imperativen Charme entwickelt, wird's schnell gemeingefährlich. Der Nimbus des von persönlichen Vorlieben und liebgewordenen Gewohnheiten geläuterten »wissenschaftlich Bewiesenen«, in dem die moralische

Überlegenheit des Verfassers noch stets mitschwingt, durchzieht diese Bücher bei all ihrer Zeitgebundenheit und leugnet zudem die Vorläufigkeit jeder wissenschaftlichen Erkenntnis. Deshalb lassen sich die meisten Kindererziehungsratgeber auch gewissermaßen gegen den Strich als das lesen, was sie in Wahrheit sind: Traktate über die Erziehung von Müttern.

4. Kapitel
Wo die Ratgeberflut entspringt

Die Ernährung von Kindern ist furchtbar wichtig. Bewusst, sorgfältig und nahrhaft sollen die Mahlzeiten zubereitet werden, denn eine gesunde Ernährung ist die Grundlage für die gedeihliche Entwicklung der lieben Kleinen, damit sie gesund und mit positivem Lebensgefühl aufwachsen können. Alles klar, das haben wir jetzt verstanden.

Ist ja auch nicht ganz verkehrt. Doch all das eigenhändige Schroten von artgerecht herangezogenen Körnern, das Heranschaffen von ungespritztem Gemüse, Obst und handverlesenen Hülsenfrüchten samt der kenntnisreichen, vitaminschonenden, ballaststoffreichen, ausgewogenen Zubereitung all dieser Köstlichkeiten verlangt einen enormen Zeitaufwand und kostet immens viel Geld. Darüber wollen wir nicht jammern, denn es ist ja fürs Kind und da ist das Beste gerade gut genug. Ja, es gibt durchaus glückliche Sklaven! Und festigt das mütterliche Monopol auf die Ernährung nicht auch aufs schönste die Demonstration unserer Unentbehrlichkeit?

Aber wäre die Vermutung jetzt wirklich zu weit hergeholt, hinter all den komplizierten Anweisungen zur Herstellung und Verabreichung von Nahrungsmitteln an Kinder das zu erkennen, was es ist: eine weitere gemeine Finte des Patriarchats, mit deren Hilfe Mütter nicht nur in der Küche fixiert, sondern auch davon abgehalten werden, sich um irgendetwas anderes als ihre Kinder zu kümmern? Das Betreiben des rundherum durchökologisierten Vollwerthaushaltes mit all seinen gesunden Zutaten nimmt eine ungeheure Zeit in Anspruch, und setzt gleichzeitig das Gehirn der Mutter auf Nulldiät. Zugegeben, der böse Verdacht reift eher in den schwärzeren Momenten der Mutterschaft, aber gehen wir spaßeshalber dem Gedanken einmal nach. Denn die Frage ist doch, was wir nicht tun, während wir das alles für die Kinder tun. Immerhin kann man während man Kartoffeln raspelt, Dinkelschrot einweicht oder aus winzigen Radieschen kleine appetitanregende Mäuse bastelt, kein anspruchsvolles Buch lesen, kein Theater besuchen, keine Strategien für den nächsten Karriereschritt formulieren, sich nicht die Fingernägel lackieren, nicht im Cabrio durch die Alleen flitzen und kein Bild malen. Gegen Unaussprechlichkeiten im korrekten Mutteruniversum wie sie Dosen, Tütensuppen und Tiefkühlmahlzeiten darstellen, spricht viel der gebotenen Vernunft, aber eines dafür: es geht einfach schneller, diese Dinge auf den Tisch zu bringen. Und das beschert der unbefangenen Userin zwischen Mutter-und-Job-Programm theoretisch etwas mehr von dem, woran es ihr ständig fehlt: Zeit. Zeit, die sie so oder so nutzen könnte, aber Zeit, die ihr jedenfalls theoretisch zur Verfügung steht, um etwas zu tun, was absolut nichts mit ihrem Kind zu tun hat. Kein Zweifel, die Küche ist, nach einem kurzen entlastenden Zwischenspiel in den siebziger Jahren, als Kartoffelbrei aus der Tüte und Ravioli aus der Dose für die Schlüsselkinder der berufstätigen Mütter noch nicht als Menschenrechtsverletzung gehandelt wurden, heute schon wieder zu einem Brennpunkt historisch gewachsener Korrektmuttterschaft geworden, in der die bessere Mutter selbst Hand anlegt. Und die andere in pfiffigem Schuldbewusstsein gekaufte Marmeladengläser umlabelt, indem sie das Etikett sorgsam löst, ein selbstgeschriebenes draufpappt und das Ganze dann mit überlegener Miene beim gemeinsamen Kindergarten- oder Schulfrühstück auf den Tisch stellt. Nichts für ungut, aber mit den Ansprüchen ans Essen steigen eben auch wieder nur die Ansprüche an die Mütter, die allen medialen Feierlichkeiten um den Hausmann zum Trotz immer noch den Löwenanteil der Familienarbeit verrichten.

Das Kochen für Kinder braucht wie andere Facetten des grassierenden Selbermachwahns heute auch wieder die Vollzeitmutter, die gut dasteht, während die Teilzeitmütter schuldbewusst die Köpfe senken: »Da sind jene Muttis schlecht dran, die das nötige Kapital nicht über den Vati mitbringen, um sich der häuslichen Ökonomie durchgehend widmen zu können, sondern nebenbei auch noch berufstätig sind. Sie müssen, zur Erfüllung ihrer Selbstversorgerpflichten und ihres guten Gewissens, den Luxus ihres außerhäuslichen Daseins mit der Einrichtung von Abendschichten erkaufen, die dem Hauswesen gewidmet sind«, schimpft Dorothea Dieckmann in ihrer Anfang der neunziger Jahre erschienenen Schmähschrift *Unter Müttern*. »Schließlich steht ihr Platz in der ehrenwerten Mitmuttigesellschaft auf dem Spiel – und der Ehrenplatz in der Familie, deren Lebensqualität von ihren Versorgerqualitäten abhängt. Und die Lebensqualität wiederum wird von der Mitwelt, mindestens aber von der Mitmuttiwelt als Überwachungsorgan, streng kontrolliert.«

Machen wir uns nichts vor: wie die Möglichkeit einer Scheidung unsere Paarbeziehungen oder die Verfügbarkeit der Pille unsere Einstellung zum Kinderkriegen verändert hat, hat das breite Angebot von Fertiggerichten Frauen einst die Wahl ermöglicht, selbst zu kochen oder aufzutauen. Und die hoch komplex idealisierte Mutterschaft unserer Tage nimmt uns diese Möglichkeit gleich wieder weg. Während meine Kinder fröhlich Fertigpizza futtern, weil ich schon wieder mal wegen der Arbeit nicht zum Einkaufen geschweige denn zum Kochen gekommen bin, frage ich mich insgeheim, ob das eigentlich noch vertretbar ist, jetzt schon zum zweiten Mal in dieser Woche nicht alles selbst gekocht zu haben?

Hauptsache, die Mutter macht alles selbst und ständig – das ist der heimliche Kern der meisten sorgfältig ausgeklügelten, sich wild widersprechenden und stets imperativ getönten Anleitungen, mit denen die Kinderexperten seit rund hundert Jahren Mütter bombardieren. Können wir uns den Luxus leisten, Hausfrau und Mutter zu sein, pumpen wir das als Familienmanagerin auf – aus lauter Angst, dass wir unseren eigenen Müttern ähnlich werden könnten und denselben Hof von Frust, niedrigem Status und Selbstaufopferung um uns ausbreiten. Gehen wir arbeiten, weil wir wollen oder müssen, plagt uns das schlechte Gewissen, den Kindern womöglich zu schaden. Die Psychologen, die Kindheitsforscher, die Werbefritzen, die Kirchenmänner und Politiker ziehen immer noch an einem Strang, wenn es darum geht, uns klarzumachen, dass unser Platz daheim bei den Kindern am Herd ist.

Das tiefe Misstrauen gegenüber jeder Art von Delegation oder auch nur kleiner Entlastungen von vermeintlich exklusiv mütterlichen Verpflichtungen beginnt bei der Tiefkühlkost und hört bei der Tagesmutter noch lange nicht auf. Während die Kinderexperten dem Baby immer mehr Aufmerksamkeit schenkten, ignorierten sie die Bedürfnisse der Mütter immer stärker. Jede neue Empfehlung bedeutete mehr Arbeit. Hatten die Mütter der Zwischenkriegszeit beispielsweise, wenn sie dem strengen Vier-Stunden-Rhythmus beim Füttern des Babys folgten, wenigstens dazwischen noch Zeit etwas anderes zu tun oder einfach nur neue Kraft zu schöpfen, oktroyierte die Idee des Fütterns auf Verlangen der nächsten Generation von Müttern den Betriebsmodus der allzeit bereiten Versorgungsstation auf. Ließ man den früheren Müttern das Schreienlassen des Babys nicht nur durchgehen, sondern legte ihnen von Expertenseite sogar nahe, dass das Schreien die Lungen kräftige, verurteilte die nachfolgende wissenschaftliche Erkenntnis, wonach das ungehemmte Schreien die kindliche Psyche unwiederbringlich schädige, ganze Generationen von Müttern zu kilometerlangen Nachtmärschen auf dem Teppichrand mit einem schreienden Baby auf dem Arm. Oder die rigiden Töpfchenrituale der Vergangenheit: Legten frühere Mütter beträchtlichen Ehrgeiz in das Unterfangen, ihre Kinder schnell aus den Windeln zu kriegen, um die Wäsche auf ein Minimum zu reduzieren, durften ihre Nachfolgerinnen wenig mehr tun als alles laufen zu lassen und das Trockenwerden ganz in das Belieben des Babys zu überantworten – ein Erziehungstrend, dessen Umsetzung ohne tätigen Einsatz an der Waschmaschine oder ohne die duldsame Bereitschaft zum Erwerb ganzer Paletten von Pampers kaum zu bewerkstelligen gewesen wäre. Das schamlose Partizipieren an der Muttermutter, die den ganzen Tag auf dem Sprung ist, hört mit dem familiären Bereitschaftsdienst noch lange nicht auf, sondern reicht noch weiter in die Gesellschaft hinein: Schulen dürfen bis heute unwidersprochen voraussetzen, dass die Mütter immer da sind, einsatzbereit, die Kinder abzuholen, wenn plötzlich ein paar Stunden ausfallen und mit genügend Reserven an Zeit, Geld und Geduld ausgestattet, klaffende Lücken auf dem Bildungsweg zu schließen. Und wenn nicht, ist das Sitzenbleiben des Kindes nicht mehr als die logische Folge der Vernachlässigung durch die Mutter, die zum Schaden ihres Kindes andere Dinge als dessen Hausaufgaben im Kopf hat. Ja, ohne Mütter läuft in den Schulen gar nichts mehr, das glauben wir gerne. Denn die Verantwortung für das schulische Fortkommen des Nachwuchses ist sozusagen werksseitig so eingestellt: Das vor rund hundert Jahren in Deutschland etablierte Halbtagsschulsystem setzt »die nicht erwerbstätige Hausfrau und Mutter voraus, die mittags für eine warme Mahlzeit sorgt und sich um die Hausaufgaben kümmert; sie impliziert weiter, dass es einen Ehemann und Vater gibt, der einen für die Familie ausreichenden Lohn nach Hause bringt«, zitiert Armin Himmelrath aus den Arbeiten der Soziologinnen Karin Gottschall und Karen Hagemann.

Das Muster der wild wuchernden und extrem übersteigerten Ansprüche bleibt stets dasselbe. Weil es ja nicht reicht, wenn Mütter zu allem bereit und zu nichts zu gebrauchen sind, muss man ihnen alles genau vorschreiben: In jeder der wechselvollen Verhaltensmaßregeln für die Behandlung, die Mütter Kindern angedeihen lassen sollen, spricht man immer nur von den Bedürfnissen des Kindes und meint damit eigentlich die Anforderungen, die die Mutter zu erfüllen hat. Eine gute Mutter zu sein, kostet immer mehr Zeit – und Geld. In den Empfängerinnen dieser Ratschläge begannen die Kinderexperten schleichend und unausgesprochen immer mehr den weiblichen, heterosexuellen Menschen vorauszusetzen, der den größten Teil des Tages der Kinderpflege widmen kann, während der dazugehörige männliche Mensch die wirtschaftliche Existenz der Familie sichert. Mehr noch: Der Unterschied zwischen dem, was das Kind braucht und dem, was die Mutter will, beginnt um die Jahrhundertmitte zu schwinden und löst heute, wenn man vorsichtig an diesen Umstand erinnert, nur noch ungläubiges Kopfschütteln aus. Und so hantieren wir freudig erregt mit Moosgummi, Goldfolie und Klebflasche, geben unser Geld eher für das Playmobil-Piratenschiff als für einen Besuch bei der Kosmetikerin aus und sehen uns bei jeder einzelnen der allfälligen Aufführungen der Kinder im Kindergarten, im Schulchor, bei Sportfesten, Theater-AGs und Tanzgrüppchen zu entrückten Standing Ovations veranlasst, sobald das Kind nur den

Ton trifft oder die Hand hebt. Auch ist der Wunsch des Kindes der Mutter Befehl, ihr ganzer Tagesablauf dient in einer Art Just-in-time-Produktion der Herstellung optimaler Wachstumsbedingungen. Ungeteilte Aufmerksamkeit, so die Devise, bedeutet, dass keine Gelegenheit versäumt werden darf, emotional zu pampern und kognitiv zu stimulieren.

Doch bevor die Psychologenzunft vor rund fünfzig Jahren die Welt davon überzeugte, dass mütterliches Fehlverhalten die alleinige Ursache für die ganze Galerie von kindlichen Störungsbildern ist, waren in den Erziehungsratgebern die Anforderungen an die gute Mutter schon drastisch erhöht worden, doch fanden sich auch noch viele Tipps zur Arbeitserleichterung, spendete man den Müttern Trost, nahm Anteil an ihren Belastungen und kultivierte ein Minimum an Respekt für ihre Aufgabe. In den vierziger, fünfziger Jahren ging die gesamte Anteilnahme auf das Kind über, hinter dem die Mutter als Mensch mit eigenen Bedürfnissen zurückstehen, am besten ganz verschwinden sollte. Die populäre Psychologie verfuhr dabei äußerst ungnädig mit den Müttern und attestierte ihnen zugleich mit dem überbordenden Anspruch allwaltendes Versagen. Gestaltet die Mutter die Bindung zu eng, gilt sie als überfürsorglich und erdrückend. Engagiert sie sich nicht genug, ist sie abweisend und kalt. Was aber jetzt jeweils die richtige Dosierung von Zuwendung ist, haben Mütter den Empfehlungen der Experten zu entnehmen, die sich gern in kleinen Fakten und großen Spekulationen ergehen und damit zusätzliche Verwirrung stiften.

Als die Wissenschaft in den vierziger Jahren die Unerlässlichkeit des Körperkontakts für die gesunde Entwicklung von Babys mit neuen Forschungsergebnissen untermauerte, die von Experimenten mit Rhesusaffen inspiriert waren, folgerten die

Experten schnell, dass kindliche Bindung über taktile Geborgenheit funktioniert. Ab da ging ohne Kuscheln gar nichts mehr; glänzt die Mutter durch minutenlange Abwesenheit und geizt mit Streicheleinheiten, macht sie sich bleibender Schäden am Kind schuldig, und setzt automatisch den verhängnisvollen Mechanismus weitreichender Fehlentwicklungen in Gang. Nun ist an all dem Schmiegen und Wiegen ja nichts verwerfliches, doch als absolutes Muss moderner Mutterschaft wurde der Befund »schon bald aus seinem an sich bereits fragwürdigen wissenschaftlichen Kontext herausgelöst und als Druckmittel eingesetzt, um die Mutter nach Hause zurückzutreiben, auf dass sie für Körperkontakt rund um die Uhr zur Verfügung stehe«, sagt Shari Thurer und beschreibt, wie selbst anerkannte Wissenschaftler mit einem Mal begannen, Weisheiten herumzuposaunen, die über die belegten Fakten weit hinausgingen. Rene Spitz, ein prominenter Analytiker der Nachkriegszeit, führte eine ganze Riege Psychoanalytiker in dem Bestreben an, jegliche kindliche Störung mit einem Mangel an mütterlicher Zuwendung zu erklären. »Feindseligkeit in Form manifester Ängstlichkeit seitens der Mutter hatte laut Spitz das Säuglingsekzem zur Folge, kurzschlägiges Oszillieren zwischen Verwöhnung und Feindseligkeit führte zu Schaukelbewegungen der Kinder und primäre ängstlich übertriebene Besorgnis zu Koliken.« Welche Mutter will so viel Elend schon verursachen? Noch in den banalsten Alltagssituationen schimmert durch, wie tief wir verinnerlicht haben, dass wir unsere Machtfülle über das Schicksal eines kleinen Menschen mit immerwährendem Schuldgefühl bezahlen. »Das machst du doch jetzt nur, weil Mami sich gerade eine Zigarette angesteckt hat«, hielt eine Mitmutter, mit der ich mich im Café getroffen hatte, ihrem Zweijährigen vor, der gerade frohgemut vom Tisch in Richtung

Straße aufgebrochen war und nur mit einem beherzten Hecht-sprung vor dem heranrasenden Auto bewahrt werden konnte.

Zutiefst erschrocken über unseren gewaltigen Einfluss stecken wir bereitwillig zurück und hängen fortan gläubig an den Lippen der Experten, die uns mit ganz genauen Anweisungen überschütten, wie man das hinkriegt, sich von einem egoistischen, ehrgeizigen und selbstbewussten Mädchen in eine aufopfernde, selbstlose und hingebungsvoll liebende Mutter zu verwandeln und auf Ambitionen außerhalb des Kinderhabens freudig zu verzichten. Abstriche dürfen wir dabei nicht machen, wer würde schon einer Madonna trauen, die mal die Füße hochlegt und sich ein Bier aufmacht? Es geht schließlich um die Kinder – und die sind, seit Muttersein für erwachsene Frauen zu einem richtigen Fulltime-Job ausgebaut worden ist, dann oft auch alles, was den Müttern geblieben ist. Der Klammer-blues als einziger Standardtanz hat die schlichte Wahrheit längst verdrängt, dass es viele Möglichkeiten gibt, eben auf die eine oder andere Weise zu tanzen.

Wenn sowieso wir das am besten können, dann machen wir alles, was fürs Kind zu tun ist, doch lieber gleich selbst und halten uns allzeit einsatzbereit. Schließlich darf, wer sich so ins Zeug legt, auch was erwarten – das ist der Untertitel empörter Muttertiraden gegen Tiefkühlkost und Tagesbetreuung: »In Muttis Skepsis gegenüber allem Vorgefertigten schwingt nicht nur die Habachtabwehrbewegung gegen die bösen fremden Einflüsse mit«, attestiert Dorothea Dieckmann der Mittelstands-mutti in uns allen, »sondern zugleich das unterschwellige Be-wusstsein, dass ihnen die in der Welt der Konsumgüter angebotenen Erleichterungen in den Überlebensfragen der Familie – wie Essen, Kleidung und Wohnstandard – nicht nur Arbeit, sondern auch Macht abnehmen würden.« Und das wollen wir ja nicht so gerne. Seit uns die Psychologen eingetrichtert haben, dass für ein Kind nichts so wichtig ist wie seine ständig verfügbare und dauerhaft zugewandte Mutter, haben wir zwar viel mehr Arbeit und tun im Großen wie im Kleinen aufopfernd das, was die schwangeren Enten tun, wenn sie sich die Brustfedern ausrupfen, um das Nest zu polstern. Gleichzeitig haben wir aber auch eine eigene Domäne zugewiesen bekommen, in der wir dank sorgfältiger Anleitung der Fachleute schalten und walten und zumindest theoretisch richtig gut sein können. Dafür müssen wir wenigstens nicht in lästige Konkurrenz mit ausgewachsenen Männern treten, wie uns das im Beruf ja praktisch jederzeit passieren könnte.

5. Kapitel

Geh aus mein Herz und suche Freud ...

Dass Sigmund Freud sich ratsuchenden Eltern mit der Bemerkung verweigerte, dass jede Erziehung scheitern müsste, gehört noch zu seinen besseren Erkenntnissen, weil sie verunsicherten Müttern durchaus den trostreichen Gedanken vermitteln könnte, dass man, wenn man sowieso nicht alles richtig machen kann ja wohl auch nicht alles falsch machen kann. Aber Freud fand die Mütter gar nicht so wichtig, er verfrachtete sie an den Rand des familiären Geschehens und versah sie mit dem Etikett: gutartig und schwach. Erst im Alter rang er sich zu der Vermutung durch, dass die ersten Lebensjahre, in denen die Mutter die Hauptrolle spielt, wohl von größerer Bedeutung sind, als er ursprünglich angenommen hatte – besonders für die Mädchen. Deren enge Gefühlsbindung zur Mutter endet nämlich, wenn sie entdecken, dass sie keinen Penis haben. Die Schuld daran gibt das Mädchen der Mutter, entzieht ihr die Zuneigung und wendet sich dem Vater zu. Doch der Wunsch, einen Penis zu haben, verschwindet ja nicht einfach so, sucht sich einen Ersatz – und findet ein Kind. Tataa! Im weiblichen Kinderwunsch erkannte Freud den kompensierten Wunsch nach einem Penis. Umso besser für die Mutterseele, wenn das Kind ein Junge ist, denn als Träger des begehrten Teils macht das Kind den Ersatz erst vollkommen. Die Mutterschaft ist das Ziel der weiblichen Entwicklung. Und eine gesunde, normal ausgestattete Frau schießt über dieses Ziel nicht hinaus und erkennt, dass sie ihre Erfüllung gefunden hat, wenn das Baby in der Wiege schreit.

In den Mittelpunkt des familiären psychischen Geschehens

stellt er die Beziehung zwischen Vater und Sohn – Ödipus überragt alles. Damit ist die Mutter aus der Verantwortung für die psychischen Erkrankungen des Kindes weitgehend entlassen, aber ihre Anteile am florierenden Familienunternehmen verlieren damit auch beträchtlich an Wert.

Die Kinderseele stellte Freud sich als eine Art verschlossenen, abgedunkelten Raum vor, in dem eine innere Dynamik herrscht, die von äußeren Einflüssen wie herumdokternden Eltern ziemlich unabhängig bleibt. Kinder waren nicht aus weichem formbaren Wachs gemacht, dem die Umwelt prägende Stempel aufdrückte, wie sich die Behavioristen das vorstellten. Sondern sie formten an ihrem Wesen selbst energisch mit und richten sich über ihre Triebe an Objekte, wie sie andere Menschen in Freuds Sichtweise darstellen. Je nachdem, wie stark oder schwach die Triebe agieren, wird dieses Objekt empfunden: so erlebt ein anspruchsvolles Baby seine Mutter wohl eher als ungenügend, während ein bescheidenes Baby seine Mutter eher als ausreichend erlebt. In gewisser Weise erfindet das Kind sich die Mutter, die zu seinen Bedürfnissen passt.

Sein Blick auf das Kind als brodelnder Dampfkessel voller energetischer Konflikte, in denen an prominenter Stelle Geschlechts- und Aggressionstrieb noch stets um die Oberhand ringen und dem Kind unausweichlich Ärger mit sich selbst oder seinen Eltern einbringen, stiftet zwar keinen Zusammenhang zwischen bestimmten Erziehungsmethoden und psychischen Störungen. Dennoch bereiteten seine Gedanken den Boden für die umfassende Kehrtwendung in der Kindererziehung, die nach den beiden Weltkriegen Raum griff. Mit konkreten Erziehungsmodellen hatte Freud nichts am Hut. »Von Verführung oder Kastration einmal abgesehen, war es eigentlich ziemlich gleichgültig, was Eltern mit ihren Kindern anstellten«, sagt Shari Thurer. »Anders als die Kinderexperten seiner Zeit gab er weder viel auf die damals populären wissenschaftlichen, behavioristischen Ansätze, noch befürwortete er antiautoritäre Methoden, laxe Sauberkeitserziehung oder psychologische Einstimmung und Anpassung – alles spätere Richtungen, die manchmal fälschlicherweise ihm zugeschrieben werden.« Scharen pädagogischer, psychoanalytischer und psychologischer Fachleute gewannen im Fahrwasser Freuds monumentaler Theorien an Einfluss, den sie über mannigfache Verhaltensmaßregeln für Mütter geltend machten. In nur hundert Jahren hat man erreicht, dass das Kind zum einzigen Lebensinhalt der Mutter wurde und hat die Mütter mit wechselnden Erziehungstheorien so auf Trab gehalten, dass sie das auch glaubten. Gleichzeitig bewirkte ein immer größer aufgeblasener Mutterkult, dass die Mütter auf der Überholspur mit Lob und süßlicher Verklärung funktionstüchtig gehalten wurden.

Die pädagogischen Pioniere der Jahrhundertwende erlegten den Müttern auf, als wissenschaftliche Assistentinnen über das Verhalten der Kinder genau Buch zu führen und ihre Notizen über die Fortschritte im Krabbeln, Laufen und Sprechen dem Herrn Doktor vorzulegen. Ihre Nachfolger, die Anhänger des Behaviorismus, hingegen lehnten die Mitarbeit der Mütter ab, denn das irrationale, emotionale Moment in der Beziehung zwischen Mutter und Kind erregte das Misstrauen der wissenschaftsgläubigen Experten. Zärtlichkeiten und Liebkosungen wurden geradezu verteufelt. Grund für ihre Härte war die Angst, das Kind zu verwöhnen, wie es Mütter nun mal tun. Kinder würden nicht geboren, sondern gemacht – diesem Glauben huldigte John B. Watson, einer der ersten behavioristischen Psychologen: »Ich beschäftige mich ernsthaft mit der Frage: Ob die Kinder überhaupt individuell erzogen werden sollen? Ob es überhaupt nötig sei, dass Kinder ihre leiblichen Eltern kennenlernen sollen? Es gibt zweifellos qualifiziertere Möglichkeiten, Kinder aufzuziehen, die vermutlich zu besseren, glücklicheren Kindern führen würden.« Sein rigider Ansatz ist mittlerweile Geschichte, doch bis weit in die Nachkriegszeit hinein mussten Mütter, die ihr Kind nachts nicht schreien ließen, es mitunter überschwenglich herzten und seinen Launen nicht immer starke Zügel anlegten, sich dem Vorwurf schrankenloser Nachgiebigkeit und blinder Verwöhnung ausgesetzt sehen.

Der freudianische Grundwortschatz ragt bis heute in unsere mütterlichen Phasengespräche über das Krabbel-, Trockenwerdungs-, Zahnungs-, Ess- und Trotzverhalten der Kinder, unsere Spekulationen über den Stand der Bauarbeiten am Es, Ich und Über-Ich der Kinder hinein. Alle reden von analen, oralen und ödipalen Phasen, ihren Auswüchsen, Folgen und Erscheinungsformen, als handelte es sich um wissenschaftlich bewiesene Tatsachen. Noch folgenreicher für unser aller Dilettieren am Kind war allerdings Freuds Theorie über die Entstehung der Neurosen. Seine Annahme, dass der Keim aller neurotischen Störungen in den ersten sechs Lebensjahren gelegt werde, gilt mittlerweile zwar als gründlich widerlegt, doch dieser kleine Webfehler lässt die Strahlkraft des Stoffes, aus dem die Psychoanalyse bis heute gesponnen wird, noch lange nicht verblassen. Vielleicht weil es so überaus praktisch ist: denn wenn die Erlebnisse der ersten Jahre so viel Prägekraft entfalten, so folgerten Freuds Nachfolger in einem sensationellen Kurzschluss, steht logischerweise die Person auf dem Prüfstand, die diese ersten Jahre maßgeblich gestaltet, und gingen munter vom Beschreiben zum Vorschreiben über. Die Annahme, dass die frühen Kinderjahre über die gesamte Persönlichkeitsentwicklung entscheiden, erschreckt und verunsichert Mütter bis heute und führt dazu, dass wir am Nasenring der Schuldgefühle der Konsumindustrie die Kassen füllen, den Lehrern die Arbeit abnehmen, den Politikern Wahlkampfmunition liefern und den Experten Prominenz verschaffen. Denn was beweist die Ratlosigkeit der Mütter besser und hält ihre Bereitschaft nachhaltiger bei der Stange, einem Ideal zu folgen, das den gesunden Menschenverstand als Orientierungsmerkmal im Leben mit Kindern so gründlich diskreditiert hat, als diese vulgarisierten Restbestände psychoanalytischer Theorietrümmer?

★

Doch nicht erst seit Freud streitet man ebenso unterirdisch wie ergebnisoffen darüber, wer die Kindlein wickeln soll. Seit fast fünfhundert Jahren tobt der Kampf um die Lufthoheit über den Kinderstuben. Der mittelalterlichen Madonna war immerhin noch erlaubt, ihr Kind in eine Krippe zu geben und kinderlosen Frauen wenigstens noch der Weg ins Kloster offen gelassen, wo sie sich in einer Art geistlicher Liebe und keuscher Weltentsagung an klassischer Bildung erfreuen und ihrer religiösen Vervollkommnung widmen konnten, ohne dabei von hausväterlicher Bevormundung, Babygeschrei und gesellschaftlicher Missbilligung gestört zu werden. Doch der protestantische Bildersturm wütete nicht nur gegen das Klosterleben, sondern richtete sich auch gegen die lieblichen Konterfeis der Madonna. An die Stelle der Kirche setzte die Reformation die Familie. Aus »der jungfräulichen Gottesmutter und Miterlöserin, von der allmächtigen Himmelskönigin, die gekrönt an der Seite ihres Sohnes herrschte, von der so huldvollen wie effektiven Mittlerin zwischen Gott und den Menschen wurde im

Laufe dieser Entwicklung«, schreibt Barbara Vinken, »umstands-
los eine Bürgersfrau, die als Gattin eines Handwerkers Haus-
halts- und Erziehungspflichten erfüllte.« In der Mutterschaft
inkarniere sich die Niedrigkeit alles Menschlichen: die Mühsal,
die Schmerzen, das Leiden, so predigte der Doktor aus Witten-
berg, der sich als Querdenker einen Namen in der abendlän-
dischen Geschichte zu sichern wusste. Das Kinderkriegen erklärte Luther zur ersten Christinnenpflicht und seine Appelle
kamen der demographischen Lücke in der Mitte des 16. Jahrhunderts durchaus zupass. Es fehlte allenthalben an Nachwuchs,
denn man heiratete spät und starb früh in diesen Tagen. Nicht
nur die Schwangerschaft, sondern auch die Geburt hielt für
Frauen und Kinder große Gefahren bereit, und eine Mutter
durfte keineswegs selbstverständlich damit rechnen, selbst am
Leben zu bleiben oder das Neugeborene gesund heranwachsen
zu sehen.

Die Mutterschaft gereichte der Frau durchaus zur Ehre, doch
der Preis für die Ehrerbietung war hoch, denn damit schwan-
den sämtliche Alternativen. Fruchtbarkeit geriet zum einzigen
Daseinszweck der Frau. Martin Luther hat das Muttergottes-
modell in seine Bestandteile zerlegt und ihr die spirituelle
Macht genommen, sie um ihre Sinnlichkeit erleichtert und jede
einzelne Facette der einst in Personalunion mütterlichen, sinn-
lichen und machtvollen Maria der Renaissance zu einem passenden Klischee gerinnen lassen. Mit dem Fall-out dieser gewaltigen gedanklichen Detonation kämpfen wir noch heute,
allerdings nicht gegen die Bombenleger, sondern vorzugsweise
untereinander: das triebhafte egoistische Luder, die männerver-
achtende, geldgeile Karrierefrau und die aufopfernde, einfüh-
lende, dauerpräsente Mutter. All diese Chimären haben ihren
historischen Ursprung in der runderneuerten Mutterschaft à la

Luther. »Die gute Mutter war die Madonna abzüglich ihrer Reize und ihrer Zaubermacht«, beschreibt Shari Thurer das Verfahren. Der Verlust ihrer Sinnlichkeit scheint dabei werksseitig eingestellt – und der Modus funktioniert bis heute. Oder warum sonst legen so viele Frauen so wenig Wert auf die Wiederherstellung körperlicher Attraktivität nach der Geburt eines Kindes, leiden allenfalls still unter dem Gefühl, fortan im erotischen Parcours aus dem Rennen zu sein und ziehen der Einsatzbereitschaft des kurz nach der Entbindung schon wieder putzmunteren Papas das leibwarme, vergleichsweise anspruchslose Kuscheln mit dem Kind vor?

Shari Thurer fasst die Reformation des Doktor Luther zusammen: »Ihre Sinnlichkeit wurde der sündhaften Frau übertragen, die eine Verwandte Evas war. Und ihre Macht übertrug man der Hexe. Die Hexe wurde zum Symbol einer Epoche, so wie die Jungfrau es in der vorhergehenden gewesen war.« So etwa: »Mit einem Schlag wimmelte der Nachthimmel von alten Vetteln auf Besenstielen, die, den Körper mit Krötenschleim eingeschmiert, wehenden Haares zu ihrem Hexensabbat ritten, um es doch mit dem Leibhaftigen zu treiben. Diese Hexen, so munkelte man, aßen gekochte Säuglinge, spuckten das Kruzifix an, zauberten Hagel und Gewitter herbei … und stahlen Penisse!« Dreihundert Jahre bevor Sigmund Freud derart niedere Beweggründe zum einzigen bewegenden Motiv des weiblichen Kinderwunsches adeln konnte! Mon Dieu!

Der Hexenwahn hat auf den ersten Blick wenig mit historisch gewachsener Korrektmutterschaft zu tun. Doch beide Rollen sind eng miteinander verzahnt, die eine ist die Umkehrung der anderen. In der Hexe verkehren sich die Eigenschaften der guten Mutter in ihr Gegenteil: Die gute Mutter schweigt und lernt, zu leiden ohne zu klagen. Die Hexe hat eine große

Klappe. Die gute Mutter ist treu und keusch, die Hexe ist eine Schlampe mit häufig wechselnden Geschlechtspartnern. Die gute Mutter gehorcht – der Stimme ihres Herzens, den Belehrungen der Experten, dem Gatten. Die Hexe ist aufsässig und folgt nur ihren eigenen Gelüsten und selbstgewonnenen Einsichten – quasi die Anti-Mutter. Und weil sie nicht gestorben sind, erleben wir sie noch heute und schimpfen auf Mütter, die arbeiten gehen, obwohl sie nicht müssen, und Mütter, die zu Hause bleiben, obwohl sie arbeiten gehen könnten.

Andererseits durften sich dank Luthers Elogen auf die gute Mutter viele Frauen im Ansehen ihres neuen Status sonnen, und mögen sich da bis heute ganz gerne räkeln, selbst wenn dieser Prestigegewinn mit nimmermüder Bevormundung erkauft ist und mittlerweile unter dem Maulkorb westlicher Frauen durchaus der Lippenstift aufgelegt werden darf, wie unter der morgenländischer Burka der Kajalstift genehm ist. Dumm gelaufen auch, dass die Wertschätzung der guten Mutter mit der Abwertung aller anderen Frauen einherging: Wenigstens in den Augen der anderen als gute Mutter dazustehen, ist ein machtvoller Antrieb für Frauen, die sich längst daran gewöhnt haben, den Stimmen im Off mehr Glauben zu schenken als den Einflüsterungen des ganz normalen Zwiespalts, der jegliche Mutterschaft begleitet.

Seit Luther ist Mutterschaft nur noch in ihrer selbstlosen, aufopfernden Form akzeptabel. Im Ausbund menschlicher Niederungen wie in Gestalt der reformierten Maria, die in Luthers Weihnachtsgeschichte als bescheidene, arme Magd Windeln wäscht und als sorgende Hausfrau Essen zubereitet, sehen wir das Muster aller Mütter, ihre Sorgen, Freuden und Nöte aufscheinen. Nachdem der große Reformator mit der jungfräulichen Madonna fertig war, blieb von der einstigen Himmelskönigin nur das Heimchen am Herd übrig, das als Dienerin ihres Mannes und gute Mutter seiner Kinder vor allem fruchtbar, fromm, gehorsam, keusch und schweigsam ihr segensreiches Werk zu verrichten hat. Hat sich die Sache mit der Frömmigkeit mittlerweile auch erledigt, weil wir nunmehr keine Kirchgänger, sondern mündige Staatsbürger, allseits entwickelte Charaktere und Top-Starter im PISA-Rennen heranzuziehen haben, bleibt doch der Auftrag über die Jahrhunderte so merkwürdig gleich: nicht nur dem einen Führer, sondern den Herrschern generell waren einst Kinder zu schenken, die als Kanonenfutter Verwendung fanden; der Rentenversicherung sollen wir heute Beitragszahler zur Verfügung stellen, damit die Alterspyramide nicht kippt und keiner mehr da ist, dereinst unsere Treppenlifte, Zahnimplantate und Mallorcatrips zu bezahlen. Gehorsamkeit gegenüber dem Mann muss jetzt auch nicht mehr unbedingt sein, wenn auch für viele Frauen einfach schon die ökonomische Realität den unteren Weg erzwingt. Keuschheit heißt heute sexuelle Treue, aber auch das weicht allerorten auf. Doch Restbestände des lutherischen Schweigegebots finden sich immer noch in Klassenzimmern, wo Mädchen weniger lärmen, in Chefetagen, wo Frauen lieber soufflieren, als selbst das Wort zu ergreifen, in Parlamenten, wo falsch eingestellte Mikrophone weibliche Stimmen grell klingen lassen, und anderen Orten, wo Frauen lieber aus der zweiten Reihe agieren und die alte Arbeitsteilung gilt: Sie lädt, er schießt.

Würde und Wert einer Frau hat der entlaufene Mönch und bekennende Haushaltsvorstand, der sich auch einmal unter dem Decknamen Junker Jörg mit einem Stapel liegengebliebener Übersetzungsarbeiten auf eine zinnenbewehrte Burg zurückzog, um in Ruhe und unbelästigt von Kindergeschrei, leeren Vorratsschränken und schmutzigen Socken arbeiten zu können, listig und ausschließlich im Blick auf die seine und ihresgleichen, als die Rolle der Frau in der Familie konzipiert, die man sich damals schon als Keimzelle der Gesellschaft vorzustellen begann. Fortpflanzung und Fürsorge sind gottgewollter Daseinszweck der Frau, dekretierte der Doktor Luther und seitdem glauben wir das. Dabei hat Luther sogar den Neuen Vater prophetisch miteinbezogen, das Modell, an dem wir uns ein halbes Jahrtausend später immer noch abarbeiten: »Die natürliche Familie, in der Kinderdienst Gottesdienst war, wurde zur evangelischen Institution per se. Als Gottesdienst geadelt, konnte der Dienst am Kind auch vom Mann vollbracht werden, der dadurch aber nicht, wie Luther sicherheitshalber anmerkte, zum ›Frauenmann‹ wurde«, schreibt Barbara Vinken. Weichei-Verdacht für wickelnde Männer – nichts Neues unter der Sonne.

Das Schnittmuster für hübsche Kernfamilien im Margarinewerbungs-Format findet sich aufs schönste in den weiterreichenden irdischen Hierarchien bestätigt: Über die Frau bestimmt der Mann, über den Mann bestimmt der Herrscher und über den Herrscher bestimmt Gott – und die Frau hat außerhalb ihrer vier Wände nichts mehr zu melden. »Wie die Frau in der Gewalt des Mannes war, so waren die Kinder in der Gewalt der Eltern«, schreibt Barbara Vinken und zitiert Martin Luther: »Es gibt keine größere und edlere Gewalt auf Erden als die der Eltern über die Kinder, sintemal sie geistliche und weltliche Gewalt über sie haben.«

Auf dem langen Weg der Mutterbilder von der mittelalterlichen Maria lactans zur Managerin des modernen Familienlebens aus der Staubsaugerwerbung verdient diese Musterfrau besondere Aufmerksamkeit, weil die ihr zugedachten Eigenschaften bis heute in unseren Herzen herumgeistern, in unseren Hirnen Verwirrung stiften – nicht nur bei neuen Rechten

und alten Katholiken, sondern auch aktuell blonden Tagesschausprecherinnen. Die gute Mutter bleibt zu Hause und be-
scheidet sich damit, dort duftende Verhältnisse herzustellen.
Aber was uns manche Mutterflüsterer heute noch als natürliche Instinkte verklären oder als stillschweigende Selbstverständlichkeit verkaufen wollen, gar als ewige Wahrheiten beanspruchen, ist keineswegs in Stein gemeißelt, sondern von Menschen gemacht. Das alles hat einen Anfang, und der fällt in die
frühe Neuzeit – designed by reformation.

6. Kapitel

Vater Morgana oder:
Nur die Hälfte aller Elternteile ist weiblich

An einem heißen Tag im August vor ein paar Jahren, auf dem grünen Gras des Berliner Tiergartens kam mir eine tiefgründige Wahrheit zu Bewusstsein, die damit zu tun hatte, dass kein lustiges Feuerchen im Grill duftende Würstchen brutzelte. Es wurde nämlich überhaupt nicht gegrillt. Es war eine der saisonüblichen Einschulungsfeiern, die sich häufen, wenn das Kind und seine Freunde dem Kinderladen entwachsen und im letzten Jahr den Status der Großen genießen, bevor sie mit dem ersten Schultag wieder auf dem Rang der Kleinsten starten. Für den Nachmittag hatte die Mutter der Freundin meiner Tochter die anderen Mütter der Freunde und Freundinnen ihrer Tochter zu einem Picknick im Park eingeladen, um die feierliche Einschulung am Vormittag in einem netten geselligen Beisammensein am Nachmittag ausklingen zu lassen. Das macht nicht nur Spaß, sondern ist auch ein probates Mittel gegen die Wehmut, die Mütter bisweilen am Einschulungstag befällt, weil das Baby so schnell groß geworden ist und besser jemand zuhört, wenn sie seufzen müssen und sagen wollen: »Ich weiß gar nicht, wo die Zeit geblieben ist. Mir kommt es vor, als wäre es gestern gewesen, als er geboren ist.«

Ungefähr zwanzig Kinder, keines davon älter als sechs Jahre, wuselten zwischen ihren Müttern herum, während sich die größeren Jungen den Ball um die Füße kickten. Manche Mütter standen in Zweiergespräch vertieft den anderen im Weg herum, die am Tapeziertisch wirbelten, der sich unter der Last der herbeigeschleppten Köstlichkeiten schon zu biegen drohte. Begleitet von bewundernden Hmmms, Ahs und Ohs ploppten die Tupperdosendeckel und gaben den Blick frei auf Nudelsalate, Bulgur und Blätterteigröllchen. Grünkernbratlinge, Blaubeermuffins und Kichererbsenbällchen wurden aus der Alufolie geschält und Fladenbrote zerteilt. Bald zischte der Korken aus der ersten Proseccoflasche und man könnte meinen, dass es sich um einen Nachmittag wie aus dem Bilderbuch handelte. Allerdings war nicht ein einziger Mann dabei. Irgendwelche unlauteren Motive waren es nicht, die mich diesen eklatanten Mangel erkennen ließen, sondern eher das Gequengel eines kleinen Mädchens, das sich darüber beklagte, dass es keine Grillwürstchen gab. Unwillkürlich musste ich nicken. Genau. Es wird nicht gegrillt. Mit einem Mann in dieser Runde wäre das vermutlich nicht passiert, denn Grillen ist neben der Fortpflanzung die zweite Säule im Kerngeschäft des Familienlebens männlicher Menschen.

Wo sind eigentlich die Väter der etwa zwanzig Kinder abgeblieben, die Männer der dreizehn, vierzehn Frauen, die hier den ersten Schultag der Kinder gemeinsam feiern? Beim Picknick waren sie jedenfalls nicht dabei und zu Hause waren sie auch nicht. Bei der Zeugung waren sie mutmaßlich noch anwesend, aber irgendwo auf dem langen Weg vom Kreißsaal in die Schule sind sie verlorengegangen. »Ach, hör mir damit auf«, winkt Finns Mutter ab und schnaubt verächtlich, »Männer. Was willst du da schon erwarten.« Einhelliges Nicken in der Runde. Augenbrauen krümmen sich himmelwärts, Köpfe werden geschüttelt, Schultern zucken, Münder werden zu Strichen und dann kommen die Geschichten: Der eine hat sich gleich nach dem positiven Schwangerschaftstest aus dem Staub gemacht, weil er sich für ein Kind nicht reif genug fühlte und auch die hohen Kosten scheute, der andere hat sich in der bösen Gereiztheit, die schon allein durch den Schlafmangel des ersten

Jahres mit einem Baby entsteht, in die Arme einer anderen geflüchtet. Einige mussten gehen, weil sie sich nicht nur im Haushalt als totale Nullen, sondern auch im Paarlauf als emotionale Analphabeten entpuppten. Einer flog raus, weil er sich mit der Geburt des ersten Babys in das zweite verwandelte, eifersüchtig mit dem Neugeborenen um Zeit und Zärtlichkeit der Mutter rivalisierte und die Erwartung entwickelte, von ihr emotional gepampert, gut bekocht und sexuell versorgt zu werden. Einer ging über Nacht, mit der Begründung, ein interessanteres Leben verdient zu haben als die dröge Aussicht auf das kastrierte Leben eines zum Geldverdienen abgestellten Brötchenverdieners, der die Prämien, die er im Beruf erjagt hat, postwendend der Mutti daheim abliefert.

Männerschelte ist in solchen Runden obsolet; und manches davon haben sich die Familienflüchtlinge und -vertriebenen ja auch redlich verdient. Dass man einem Mann kein Kind anvertrauen kann, eint uns als stillschweigend geteilte Meinung, die sich mit vielen guten Anekdoten bebildern lässt: Die gehen nicht ins Krankenhaus, wenn das Kind von der Rutsche gefallen ist, die lassen die Kinder mit zwei verschiedenen Socken rumlaufen, vergessen den Hustensaft zu verabreichen, putzen die Zähne nicht nach, können höchstens Spaghetti mit Ketchup kochen, verschlampen Arzttermine und kennen die Schuhgröße des Kindes nicht. Die Liste väterlicher Verfehlungen geht gegen unendlich, wie jede weiß, die sich einmal auf das Abenteuer der Familiengründung eingelassen hat und auf dem weiten Weg zu zweit schon früh ins Straucheln geraten ist. Und sie schnürt uns zusammen mit einem Band aus besserwisserischer Bitterkeit, unverhohlener Geringschätzung und selbstgerechter Verachtung des männlichen Elementarteilchens im Familienuniversum, wo man ja von jeher wusste, dass die Kinder bei der

Mutter am besten aufgehoben sind. Wenn der Mann geht, wird die Beziehung zum Kind automatisch enger. Sind Kinder nicht sowieso die verlässlicheren Liebesobjekte? Mit jedem Pappbecher, in dem der laue Prosecco müde Blasen wirft, finden wir weniger Gründe, die Väter zu vermissen, die jetzt wenigstens per Unterhaltsüberweisung noch für die Kinder sorgen sollen. Jetzt werden Tipps und Telefonnummern von Anwälten getauscht, Erfahrungen aus verschiedenen Beratungsstellen verglichen und pikante Details aus den Trennungsvorgängen erörtert, denn die sind bei einigen Müttern noch sehr frisch. Der buddhistische Rat, niemals allzu hoch zu schätzen, was man verlieren kann, offenbart sich hier in des Wortes krudester Bedeutung. »Wenn man sich auf ihn verlassen müsste …, sagen Frauen triumphierend, glücklich, ihn von einer Funktion ausgeschlossen zu sehen, bei der sie sich endlich einmal dem Mann überlegen fühlen – ein sehr kurzer, sehr teuer bezahlter Triumph!«, sagt die französische Psychoanalytikerin Christiane Olivier und fragt: »Dient das Kind als Bastion für die Frau in diesem endlosen Geschlechterkrieg? Es scheint so, denn in der Tat ist sehr häufig die Hartnäckigkeit, mit der die Frau das Kind für sich beansprucht, ebenso groß wie die Ablehnung des Mannes, sich um das Kind zu kümmern.«

Nun ja, Männer kann man verlieren, Kinder hingegen sind einem – erst mal – sicher, sie sind abhängig von unserer Liebe und können nicht einfach weggehen, um mit einer anderen Mutter ihr Glück zu finden. Mutter und Kind, das ist mehr als eine starke Achse im Familiengerüst, das wird immer mehr zur Familie überhaupt. Der routinierte Vorwurf, Väter entzögen sich ihrer gemeinsamen Verantwortung hat eine dunkle Kehrseite. Der Vater hat in dieser neuen Konstellation der exklusiven Bindung zwischen Mutter und Kind keinen selbstverständlichen Platz mehr. Er kann sich der Verantwortung stellen, der Aufgabe hinterherhecheln, sie ungenügend erfüllen oder es ganz bleibenlassen. Den Rest erledigen die Anwälte.

Die Natur macht nur einen kleinen, wenn auch klaren Unterschied, doch unsere Kultur, unsere Geschichte, unser Recht und unsere Gesellschaft haben viel mehr daraus gemacht. Auf dem Weg in die postindustrielle Gesellschaft mussten die patriarchalischen Hähne viele Federn lassen: den Haushaltsvorstand, dem die Familie wie Gänseküken hinterhertrippelt, den Gatten, ohne dessen Zustimmung die Gattin weder ein Konto eröffnen, einen Beruf ausüben noch ihr Erbe verplempern kann, die besseren Gehälter für dieselbe Arbeit, den Vorsitz in der Regierung und den Chefsessel im Büro, das wohltuende Gefühl, am Arbeitsplatz, in der Kneipe oder beim Kegeln unter sich zu sein. Und seit einigen Jahren scheinen Väter jetzt auch in Familien verzichtbarer als jemals zuvor und finden sich als eine Art (austauschbarer) Assistent der Geschäftsleitung ohne Prokura und ohne Kündigungsschutz wieder. Der männliche Vorsprung schmilzt allenthalben dahin, und dahinter steckt noch nicht einmal böse Absicht. Oft kommt es einfach so, dass Väter sich zum verzichtbaren Beiwerk entwickeln, auch weil sie zum Geldverdienen nicht mehr unbedingt gebraucht werden und der andere Vater, der Staat, einspringt, damit die Mutter sich ausschließlich ums Kind kümmern kann. Sein ursprünglicher Beitrag zur Familiengründung, die Zeugung von Nachwuchs, hat an Prestige verloren. Ist ein Vater im Mutterland tendenziell überflüssig, abgesehen von »dem Zeug, das er in einem handlichen Reagenzglas abliefern könnte« (Libby Purves), und seiner Fähigkeit, nun ja, den Grill anzuwerfen? So weit sind wir jetzt: Noch ungleicher als Männer und Frauen sind Väter und Mütter – und in der Beziehung zwischen Eltern sind Väter eindeutig das schwächere Geschlecht.

Den Vater weiß man nie ganz genau – im Wortschatz des römischen Rechts ist die Kränkung des Mannes, dass er alles, aber keine Kinder kriegen kann, zum kleinsten gemeinsamen Nenner allfälliger Anstrengungen geronnen, den Vorsprung und promisken Benefit der Frauen auszuhebeln. Umfängliche Rechtssysteme wurden erdacht, um Frauen kleinzuhalten, Erbrechte in Eheverträge und Vermögen in männliche Linien zu zwingen, sitzengelassene Dienstmädchen und ihre unehelichen Kinder um ihre Rechte zu bringen.

Es ist ganz leicht, zeitungslesende, biertrinkende und gesprächsverweigernde Väter am späten Abend mit den ersten Zeilen des berühmten Epigraphs von Khalil Gibran, dem Propheten, aus der Ruhe zu bringen: »Deine Kinder sind nicht deine Kinder …« Ein böser Witz, aber auch ein weiblicher Triumph, jedenfalls im privaten Beziehungskrieg. Doch drohten der fremdgehenden Frau früher noch der soziale Absturz und die Diffamierung ihrer Kinder, riskieren Frauen heute weniger mit dem Bekenntnis zum Kuckuckskind oder der bekennenden Alleinerzieherschaft. Die Frauen, deren Kinder jetzt erwachsen werden, sind die Ersten, für die der natürliche Vorsprung auch echten Machtgewinn bereithält. Ökonomische Unabhängigkeit, ja, aber auch das gemeinsame Sorgerecht bei beinahe allen Scheidungen führt in den meisten Fällen dazu, dass die Kinder bei der Mutter leben. Mit den Kindern allein kann man viele Frauen heute zu nichts mehr zwingen. Aber umgekehrt geht was: Frauen haben mit den Kindern ein starkes Druckmittel auf ihre ignoranten, uneinsichtigen und sich der postamourösen Umerziehung verweigernden Männer in der Hand. Theoretisch, versteht sich, denn diesen Schachzug würden die allermeisten Frauen energisch von sich weisen. Doch nach den Gesetzen und der tatsächlichen Rechtsprechung sitzen Mütter im Konfliktfall am längeren Hebel. Kuckuckskinder fallen dabei gar nicht so ins Gewicht. Aber es geht auch um Väter, die nicht nur Überweisungsträger, sondern auch ihre Aufgabe ausfüllen wollen und das nicht können, weil willkürliche Entscheidungen der Mütter den Kontakt erschweren oder ganz verhindern. Immer mehr Kinder und Väter leiden darunter.

Das Ding mit den Vätern könnte sich auch als Lebenslüge der allseits befreiten Frau erweisen. Seit wir unser Geld selbst verdienen und gemerkt haben, dass eine Honorarüberweisung dieselbe Befriedigung auslösen kann wie ein multipler Orgasmus, seit wir den verstopften Abfluss alleine wieder gängig kriegen und selbst am Samstag im Getränkemarkt einkaufen und die Kinder sowieso alleine erziehen, wünschen wir uns neue Väter. Aber wollen wir sie wirklich haben? Oder stellen wir uns eher den von der Windel verwehten Wickelvolontär und devoten Kinderassistenten vor, der sich an unsere Vorgaben hält und im besten Fall eine Art Ersatzmutter abgibt, eine Art Mutter zweiter Wahl, wenn das eigentliche Idealmodell gerade mal keine Zeit hat und bitte, also wirklich, nicht mit uns in den Ring steigt, um den Pokal der besseren Mutterschaft einzuheimsen. Wo Väter ihre Rolle hoch schätzen und Mütter auf Mitarbeit bestehen, schießen die Reibungspunkte ins Kraut wie der Kopfsalat im Mai.

Die Gehversuche sind wacklig. Das erste Modell des neuen Vaters, der im Geburtsvorbereitungskurs übte, tief in den Schniedel zu atmen und am Tag des großen Ereignisses die psychosomatische und ethnologisch abgesicherte Couvade vollzog und später einen veritablen Busenneid entwickelte, hat aus guten Gründen bei den Männern und Frauen ausgedient; der Typ kam schnell wieder aus der Mode. Die nächsten Varianten waren auch nicht sooo vielversprechend: alte Väter, die sich einstmals zu gut waren, Kinderwagen zu schieben, Baby-popos zu säubern und später ihre erste Frau mit den puber-tierenden Kindern verließen, um dann mit einer viel jüngeren Frau noch einmal von vorne anzufangen und begeistert der Windel-Breichen-Töpfchen-Routine frönen und in einem Alter, in dem ihre eigenen Väter längst Enkel um sich scharten, auf dem Sommerfest in der Grundschule Baseballkäppis auf den grauen Köpfen tragen und mit den Freundinnen ihrer rosa gewandeten Töchter über Barbiepuppen fachsimpeln. Oder junge Väter, die beim ersten Kind ein Babyjahr genommen haben und beim zweiten mit dem stichhaltigen Argument des höheren Einkommens abgedüst sind, um sich jetzt erst recht in die Riemen des beruflichen Fortkommens zu legen. Was man ihnen nicht verdenken kann, denn nicht nur sein Nach-bar hat ihn im Babyjahr gefragt, ob er wohl arbeitslos ist oder etwa seine Frau ihn verlassen hat, weil er Tag für Tag mit dem Kinderwagen übers Kopfsteinpflaster zum Supermarkt juckelt. Oder sie fangen plötzlich an zu lesen: Titel wie *Der Bauch ist rund – und Schluss ist, wenn die Hebamme abpfeift* oder *Sie be-kommt ein Baby und ich die Krise* oder *Bleib locker, Papa* finden neuerdings reißenden Absatz.

Komisch, dass Lebensgefährten sich erstaunlich oft genau dann trauen lassen, wenn das erste Kind eingeschult oder das zweite geboren wird. Schon klar, aus Liebe wird nach sechs, sieben oder siebzehn Jahren dann geheiratet – aber nur die Lügner unter den Vätern streiten ab, dass sie den letzten Ruck auf dem Weg zum Standesamt auch wegen der besseren Rechts-stellung zu ihren Kindern und nicht nur wegen der Steuer-erklärung verspürt haben. Schließlich hat inzwischen fast je-der einen Kumpel, der verarmt, unrasiert und irgendwie un-behaust, isoliert von seinen Kindern in einer Wohngemeinschaft oder gar in seinem ehemaligen Kinderzimmer wieder daheim bei Muttern kampiert.

Die Emanzipation der Frauen hat die alte deutsche Mutterideologie nicht nur nicht abgeschafft. Die befreite Frau hat, jedenfalls in Deutschland, die hergebrachten Spielarten der Mütterherrschaft sogar um eine neue Variante bereichert, die dem Neuen Vater wenig Schnitte lässt: das aufgeklärte Matriarchat. Man muss ja nicht gleich so weit gehen wie die Staubsaugerwerbung, die als neue Avantgarde der modernen Frau die Hausfrau entdeckt, die als Familienmanagerin auftritt, als Mutter ihre Erfüllung findet und ihr segensreiches Tun gleich zur Chefsache adelt: Ich leite ein kleines Unternehmen mit unkündbaren Mitarbeitern, bin fürs Controlling, den Fuhrpark und die Kantine, die Mitarbeitermotivation und die Weiterbildung verantwortlich …

Andererseits: Zählen wir nicht alle eine Petra, Sabine, Susanne, Gisela, Gabriele oder Ursula zu unseren Bekannten, die mit Abitur und abgeschlossenem Studium, gerne auch mit Doktortitel und dann doch nach dem Muster der refeudalisierten Hausfrauenfamilie lebt? Gebildete Gattin, Top-Haushalt, gepflegter Garten, Super-Figur, perfekte Kinder. Und wie sehen die internen Machtverhältnisse aus in den Familien, die den Traum der achtziger Jahre halbwegs verwirklicht haben? Den von der neuen Arbeitsteilung zwischen Mann und Frau, von der Vereinbarkeit von Beruf und Kindern?

Jeder zweite Mann in Deutschland zwischen 35 und 45 Jahren lebt mindestens mit einem Kind im Haushalt zusammen. Wie viele davon das Etikett »neue Väter« tatsächlich verdienen, weiß man nicht so genau. Manches weist jedoch darauf hin, dass die Bereitschaft, es besser als die eigenen Väter zu machen, um sich greift. Die Zahl der Väter, die beruflich einen Gang runter-

und familiär einen hochschalten und Elternzeit beanspruchen, ist seit dem Jahr 2001 von gerade mal zwei auf fünf Prozent gestiegen. Auch weil die Kohle stimmt: Elternzeit entdecken immer mehr Väter, seit das Familienministerium mit Gehaltsausgleich lockt.

Dass Väter mehr arbeiten als kinderlose Männer, lehrt uns das Leben, nennt die Soziologie »Traditionalisierungsfalle« und ermittelt immer wieder mal der Lackmustest einer statistischen Erhebung. Die Studie *männer leben* erscheint im Auftrag der Bundeszentrale für gesundheitliche Aufklärung und hat einmal mehr festgestellt, wie es um die notorischen Familienflüchtlinge steht: 44 % aller Väter verstärken ihr berufliches Engagement nach der Geburt des ersten Kindes. Fühlen sie sich zu Hause überflüssig und machen sich deshalb im Job unentbehrlich? Dahinter steckt mitnichten immer böse Absicht oder die frühe Ahnung, dass ein Tag im Büro verglichen mit einem Tag mit einem Baby auf dem Arm eine wahre Wonne sein kann. Denn es gibt sie durchaus, die finsteren Momente im Leben mit kleinen Kindern, von denen viele Mütter erzählen können, in denen sich die Freuden des Familienlebens auf einen Berg Wäsche, unleidliche, zankende Kinder, unbezahlte Rechnungen und einen verstopften Abfluss reduzieren. Dann ist Kinderlärm keine Zukunftsmusik mehr, sondern ein nervtötender Geräuschteppich, dem man weder in geregelten Pausen noch hinter verschlossenen Bürotüren entfliehen kann. Es braucht einfach mehr Geld, wenn die Zahl der hungrigen Mäuler am Esstisch zunimmt – und da liegt nichts näher, als denjenigen zur Arbeit zu schicken, der mehr Geld dafür kriegen kann. Aber sogar in den Familien, in denen die Arbeit wirklich geteilt wird, weil beide beruflich gleich engagiert sind, findet man die leise Vorherrschaft der Mütter. Fast immer übernimmt die Mutter eher die kindnahen Aufgaben (schlichten, wickeln, Tränen trocknen) und der Vater die logistischen Pflichten (Getränke holen, Müll runtertragen, Überweisungen tätigen). Böse Zungen behaupten, die Mitarbeit der Väter beschränke sich auf das, was Spaß macht – Zeugung, Ballspielen, Kino.

Die traditionelle Arbeitsteilung ist im öffentlichen Leben weitgehend überwunden. Nach dreißig Jahren Frauenbewegung hat sich herumgesprochen, dass Frauen genauso gut reden, rechnen, regieren können wie Männer. Große Politikareale, weite Felder der Kultur und erst recht die durchfeminisierte Erziehungswelt gehören den Frauen. Mutter schafft, das geht vielerorts sogar schon unwidersprochen durch. Und das bisschen Haushalt verlegt sie dann eben in die späten Abend- oder frühen Morgenstunden und das Wochenende. Denn daheim bleibt alles beim Alten – im Zuhause, dem heimeligen Ort, den man mit nur etwas Bosheit schon allein deswegen als sichere Zuflucht vor Terroranschlägen, Atombomben und Klimakatastrophen empfehlen könnte, weil dort alles hundert Jahre später passiert.

Die Frauen haben neue Rollen übernommen, die Männer überlegen noch. Längst hat sich bei uns ein ziviles Kriegerwitwen-Syndrom ausgebreitet: Während die Frauen immer mehr Aufgaben stemmen, denken ziemlich verunsicherte Männer darüber nach, wofür sie eigentlich zuständig sind, und verfallen dabei hin und wieder dem Modell, am der Mutter nachempfundenen Vatertyp zu laborieren, der sich um emotionale Nähe zu seinem Kind bemüht, Elternzeit beansprucht, ein T-Shirt mit der Aufschrift »Mutti« trägt und darüber allwöchentlich im Blog auf den Internetseiten der *Brigitte* berichtet.

Dabei sind Väter heute ihren Kindern so nahe wie kaum eine Generation vor ihnen. Das hat die Zeitschrift *Eltern* jedenfalls ermittelt. Und die Studie *Neue Väter – andere Kinder?* der Soziologen Andrea Bambey und Hans-Walter Gumbinger kommt zu dem Schluss, dass rund 28 % der 1500 befragten Väter von Grundschulkindern dem Leitbild des neuen Vaters entspreche. Allerdings erwiesen sich auch fast 18 % der Befragten als immun gegen die Ansteckungsversuche mit dem neuen Ideal. Sie finden unbeirrt, dass Kindererziehung reine Frauensache ist.

Die anderen wollen engagierte Väter sein oder jedenfalls bessere, andere als ihre eigenen es sein konnten. Bei jedem Vierten bleibt es bei dem Wunsch: Den »fassadenhaften Vater« haben die Soziologen jenen Typus genannt, der für sein Kind da sein will und die traditionelle Rollenaufteilung ablehnt. Im Leben jedoch überlässt er die Kinder der Mutter, weil er sich mit der Erziehung überfordert und angesichts der Familienarbeit hilflos fühlt. Jeder zehnte Vater gab jedoch auch an, von seiner besseren Hälfte in Erziehungsdingen nicht akzeptiert zu werden. Nur vernünftig, sich aus einem Rennen zurückzuziehen, in dem man eh keinen Blumentopf gewinnen kann?

Ob Mütter gleichberechtigte Partner überhaupt haben wollen, steht dahin. Sie sollen mehr tun, sie sollen sich mehr um die Kinder kümmern und mehr im Haushalt engagieren. Aber mehr meint nicht gleich. Die meisten Mütter wollen den Chefsessel nicht zum Sofa für zwei erweitert sehen, sie wollen bestimmen, was wie und wann gemacht wird und die Kontrolle über die Familie nicht aus der Hand geben – und wenn sie noch so laut seufzen, alles bliebe immer an ihnen hängen, dann ist der genüssliche Unterton doch nicht zu überhören.

Überdies bescheren uns all die Klagen über die liederlichen Exemplare von Vätern, die nicht in der Lage sind, Socken zusammenzusuchen und Arzttermine einzuhalten, den süßen

Schmelz des schwesterlichen Schulterschlusses, denn schließlich haben nicht wenige der Mitmütter, bei denen wir uns beklagen, auch so ein Exemplar zu Hause.

Väter, die sich genauso intensiv in ihrer Rolle engagieren wie Mütter, haben nämlich den kleinen Nachteil, den Müttern schneller in die Quere zu kommen. Und Konkurrentinnen haben wir schließlich schon genug. Ein eifriger Assistent, der zur Verfügung steht, wenn man ihn braucht, und weisungsgebunden vorgeht, ist doch da viel praktischer, auch wenn man anfangs noch oft mit einsatzbereit zuckenden Händen in der Nähe sein muss, wenn der Vater wickelt. Dass Mütter sich schnell bedroht fühlen, wenn Väter ihnen ihre einzigartige, unersetzliche und aufopfernde Position streitig machen, erkennt Herrad Schenk als historisch neues Phänomen der Konkurrenz – zwischen Müttern und Vätern, ganz ähnlich wie zwischen Müttern und Müttern: »Heute entsteht zwischen der Mutter und einem von Anfang an wirklich engagierten Vater sehr leicht ein Wettbewerb: Wer geht besser auf das Kind ein, wer erkennt seine Bedürfnisse besser, wer kann besser mit ihm umgehen? Wen lächelt es öfter an? Bei wem weint es mehr? Von wem lässt es sich eher beruhigen? Bei wem sucht es Trost? Mit wem spielt es lieber? Das heißt nichts anderes als: Wer von uns beiden ist die bessere Mutter?« Wo Väter ihre Rolle ernst nehmen und Frauen Mitarbeit einfordern, entzündet sich schnell diese neue Form von Konkurrenz, die das Familiengeschäft nicht belebt, sondern in einen ruinösen Preiskampf verwandelt.

In der Entschlossenheit, mit der Frauen die Mutterrolle als ihre ureigene Domäne beanspruchen, schlägt sich auch das Bedürfnis nach Schutz und der Wunsch, Sicherheit für die Kinder zu schaffen, nieder. Beständige Partnerschaften sind nicht mehr selbstverständlich, ganz gleich was man von modernen Erfindungen wie Scheidungen oder Lebensabschnittsgefährtenschaft halten mag. Weil man eben nicht mehr selbstverständlich davon ausgehen kann, dass die Eltern zusammenbleiben, bis die Kinder groß sind, liegt es nahe, den Vater als episodische Erscheinung zu konfigurieren. Eltern, die bis aufs Blut streiten oder in jahrelangen Trennungskämpfen vereint sind, kennt auch jeder im Kreis seiner Bekannten zur Genüge. Die dominante Mutterrolle erwächst aus einer Mischung von Macht und Unsicherheit: Wenn wir uns trennen, dann muss klar sein, wohin die Kinder gehören. Deutsche Gerichte gehen da völlig d'accord; gegen Mütter, die das Umgangsrecht unbedingt aushebeln wollen, haben Väter keine Chance. Wenn Beziehungen in Streit und Kampf enden, erreicht die starke Mutter oft das Gegenteil dessen, was beabsichtigt war. Das Nest ist halb leer, in dem der Vater fehlt (und niemand grillt).

Verarbeitet wird das Dilemma unter Müttern in der stillschweigend geteilten und schließlich leidvoll gemachten Erfahrung, dass der Vater halt nicht so wichtig ist. Doch diese Haltung ist nicht mehr als ein Notbehelf, um sich den Mangel schönzureden. Frauen, die ihr Leben in die Hand nehmen und selbst entscheiden können, ob sie Kinder kriegen oder nicht, ob sie einen Assistenten oder einen echten Partner haben wollen, dürfen den Vater nicht willkürlich beiseiteschieben oder an den Rand drängen. Zwei Eltern, die sich zusammen oder getrennt um ihre Kinder kümmern, sind immer noch der beste Schutz vor Gefahren, die Kindern nun mal drohen. Dass Frauen den öffentlichen Raum erobert haben, die Männer aber den familiären bisher nicht überzeugend besetzen konnten, bezahlen die Frauen mit latenter Überforderung, die Männer mit Randständigkeit und tendenzieller Entbehrlichkeit.

III. Teil

Mütter sind (sich) nie gut genug

1. Kapitel

Schuldgefühl & schlechtes Gewissen:
ein Alptraum

In den februarkalten Tagen des intensivsten Jahres meiner Mutterschaft hat es mich auf dem Rückweg von der täglichen Expedition zu Aldi kalt erwischt. Im Buggy vor mir schob ich das vorläufig jüngste Kind, rechts und links die beiden anderen, auf dem Rücken von uns drei Älteren je ein Rucksack und im Bauch das künftig jüngste Kind, so schoben wir uns durch den Berliner Straßenmatsch und waren eigentlich guter Dinge. Die verrückte Alte, die uns entgegenkam, hatte ich früh genug gesehen, um ein Ausweichmanöver meiner kleinen Karawane einzuleiten. Wir hätten sie nicht umgenietet, ehrlich. Doch sie baute sich vor dem Buggy auf, stemmte die Hände in die Seiten und blaffte gleich los: »Wie die Karnickel!« Die Kinder schickten stumme Blicke in mein fassungsloses Gesicht, und in mir erwachte augenblicklich der Fluchtimpuls. Energisch schob und zog und drückte ich die beiden Größeren nach vorn, packte die Griffe des Buggys, an denen ungefähr hundert Einkaufstüten baumelten, mit neuer Kraft und sah zu, dass ich sofort weiterkam. Die Alte schimpfte noch eine Weile hinter uns her, aber zum Glück sind die Autos im Matsch so laut, dass wir ihre Worte nicht ganz genau verstanden.

In der anschließenden Nacht hatte ich meinen schlimmsten Alptraum. Der ging etwa so: Versehentlich hatte ich offenbar statt eines Babys ein Kaninchen geboren, das nun unangenehm nackt und rosa in der Hand der Hebamme zappelte, als sie versuchte, mir das Neugeborene an die Brust zu legen. Ich schrie entsetzt auf und warf das Vieh in hohem Bogen von mir, gleich darauf füllte sich der Kreißsaal mit allerlei medizinischem Fachpersonal in verschiedenen Reifestadien — ernste, würdige Chefärzte, zupackende Hebammen, beflissene Assistenzärzte. Sie alle redeten auf mich ein, dass es meine heilige Pflicht als Mutter sei, zu lieben, was ich da geboren hätte, denn wie immer ich das sähe, schließlich hätte ich das Kind gewollt. Deswegen sei es jetzt auch mir aufgegeben, dieses Kind zu versorgen, und über irgendwelche kleinlichen Bedenken wegen seines merkwürdigen Aussehens sollte ich mich schämen. Ich weinte, flehte und beteuerte, dass dies ein Irrtum sein müsste. Aber sie kannten kein Pardon und zwangen mich streng, es mit dem Stillen wenigstens einmal zu versuchen. Fest griffen sie nach meiner Hand, die sie führten, um mir zu zeigen, wie man ein Kaninchenbaby streicheln müsste und ergingen sich dabei in einer Art gehässigen Entzückensbekundungen, die allesamt erstunken und erlogen waren. Der Vater des Kindes hatte sich mit Grauen abgewandt und gesagt, dass er damit nichts zu tun haben wollte und ich jetzt sehen müsste, wie ich damit klarkäme. Ich hätte es schließlich so gewollt. Immer wieder schüttelten die Ärzte den Kopf über meine Unfähigkeit, einer sagte, solchen Frauen wie mir sollte man das Kinderkriegen von Amts wegen verbieten. In meiner Verzweiflung fasste ich einen heimlichen Vorsatz. Sobald sie mich mit dem Ding alleine ließen, würde ich es im Klo runterspülen und hinterher behaupten, ich hätte keine Ahnung, wo es geblieben sei, weil ich kurz eingeschlafen wäre. An dieser Stelle bin ich kerzengrade hochgefahren und endlich aufgewacht, panisch und voller beißender Schuldgefühle. Es hat eine Weile gedauert, bis ich merkte, dass mein Bauch noch rund und ich eine zweite Chance haben würde, ein echtes Kind und kein Kaninchen zur Welt bringen zu müssen.

2. Kapitel

Geknickte Narzissen:
Von der Endlichkeit der unendlichen Liebe

»... Und als ihnen übers Jahr ein Kindlein geboren wurde, da schien ihr Glück vollkommen«, so heißt es, wenn die dramatischen Verwicklungen sich am Ende in eitel Sonnenschein auflösen, weil die Liebenden sich endlich kriegen.

Über alles Weitere schweigt das Märchen: dass Aschenputtel mit dem König ihres Herzens zankt, weil es ihr mächtig stinkt, den ganzen Tag zu Hause mit einem Baby und einem Haufen Arbeit zu verbringen, dass deshalb der schöne junge König lieber außer Haus regieren geht, als dem kleinen Prinzen die Windeln zu wechseln, und nicht mal im Traum daran denkt, das Regieren für eine Weile seiner Königin zu überlassen und sich fortan damit zu bescheiden, das Schloss sauber zu halten und für den Thronfolger die Möhrchen zu pürieren. Oder dass Dornröschen, seit sie Mutter geworden ist, keine Lust mehr auf die Küsse ihres Königs hat, sich nichts sehnlicher als getrennte Schlafzimmer wünscht – auch das ist nicht überliefert. Aber viel spricht dafür, dass es sich genau so abgespielt hat. Und auch das kann man sich durchaus vorstellen: nach ein paar unschönen Wortwechseln ist der junge König resigniert auf das Sofa umgezogen, legt seine Krone eben abends auf dem Couchtisch ab statt am Fußende und bettet sein müdes Haupt auf die Nackenrolle, denn sein Platz im Kingsize-Bett nebenan ist besetzt. Da schläft unterm Rosen-Baldachin jetzt der kleine Prinz neben der entzückenden Königin, die das gar nicht mal sooo sehr zu stören scheint, sondern dem König im Gegenteil den irritierenden Eindruck vermittelt, es sei ihr ganz recht so, für den kleinen Prinzen die erste Wahl bei allen leibwarmen Liebkosungen und liebevollen Ansprachen zu sein. Auch wenn sie manchmal klagt und mit dunklen Ringen unter den Augen über das fehlende Engagement des Prinzenvaters murrt – dann zuckt er resigniert die Schultern: Was soll er schon tun? Der kleine Prinz lässt sich nun mal nur von seiner Mama in den Schlaf wiegen, vom Schreien abbringen und zum Lächeln bewegen.

*

Mit einem gemeinsamen Kind krönen die Liebenden ihre Beziehung, so heißt es im Märchen. Und der Mythos wirkt weiter: Die Geburt eines Kindes gilt nach landläufiger Meinung als der Höhepunkt der Liebe. Elternschaft wird heute mehr denn je sentimental überzuckert und romantisch verklärt – vielleicht auch, weil sie, verglichen mit dem Kinderreichtum früherer Zeiten so selten geworden ist und sich, wenn überhaupt, dann zwar recht spärlich entlädt, aber dafür mit einer Riesenportion an Liebe, Leidenschaft und einer emotionalen Hingabe, die zu anderen Zeiten wohl für mindestens zehn Kinder gereicht hätte.

Mit allen Insignien der einen, großen, heiß ersehnten Liebe, die fürs ganze Leben hält, betritt das Kind die Bühne. Nimmermüde Beifallsstürme und begeisterter Zwischenapplaus sind der Hauptperson von Anfang an gewiss.

Dass es völlig normal und der schier überwältigenden Größe der Aufgabe angemessen sei, dass sich mit einem Kind das ganze Leben komplett verändert, wollen uns listig Magazine, Erziehungshandbücher und wohlmeinende mütterliche Freundinnen weismachen, in deren Lebensgebäude kein Stein auf dem anderen geblieben ist, seit der Tornado Baby dort das Unterste zuoberst kehrt und ihre Mütter in ruinösem Glück die Richtlinienkompetenz über ihr Leben in die kleinen Patschhändchen gelegt haben und ihrem Baby dann winzige T-Shirts anziehen, auf denen vorne »Chefin«, »Boss«, »King« oder im Falle besonders launenhafter weiblicher Babys, als deren ergebene Zofe sich die Mutter neu erfunden hat, »Zicke« geschrieben steht. Oder, im Falle langfristig anvisierter Ziele eben »Einstein« und »Abi« …

Das Wohl des Kindes geht über alles, so lautet ein Standardmantra, und kann nur durch die liebevolle Rund-um-die-Uhr-Betreuung einer nonstop zur Verfügung stehenden weiblichen Bezugsperson, die idealerweise die leibliche Mutter ist, gewährleistet werden. Hier unten auf der Erde sehen sich frischgebackene Eltern nämlich vor die Bewältigung so vieler Aufgaben gestellt, dass ihnen schon bald der Kopf schwirrt. Erschöpfung, Selbstzweifel, schwärende Schuldgefühle und das Gefühl, der Elternrolle nicht gewachsen zu sein, Ärger über die unfaire Aufteilung der Hausarbeit, finanzielle Sorgen, Zukunftsangst, die ständige Müdigkeit – die Liste der Paar-Beschwerden ist lang. Nicht das Kind wird zum Teil des Erwachsenenlebens, sondern das ganze Erwachsenenleben wird um das Kind herum arrangiert, das als Fetisch auf einem Sockel steht, um den dann seine Erwachsenen in seliger, entrückter Trance taumeln und dabei immer wieder spitze Entzückensschreie ausstoßen.

Wenn aus Frauen Mütter und aus Männern Väter werden, ändert sich fast alles – wenn man das zulässt: Man spricht, isst, schläft weniger und streitet mehr miteinander. Die Wissenschaft belegt, was auch das Leben lehrt: In den ersten fünf Jahren nach der Geburt eines Kindes streiten Paare nicht nur häufiger, sondern zunehmend heftiger miteinander. Irgendwann läuft einfach nichts mehr – außer der Waschmaschine. Und selbst die dreht sich hauptsächlich ums Kind.

Dem freudigen Ereignis jedenfalls eilt sein guter Ruf schon

weit voraus – ja um welches andere Geschehen im Leben ranken sich so viele Mythen wie um Mutterglück und Vaterfreude, um die nette kleine Familie, in der das süße Baby prachtvoll gedeiht und die Eltern einander in inniger Verbundenheit beständig zugetan sind? Riesenansprüche, komplexe Bedürfnislagen und quietschrosa Blütenträume verhindern oft selbst das machbare Familienglück. Viel wäre schon gewonnen, wenn sich Paare mit dem Gedanken anfreunden könnten, unvollkommene Eltern unvollkommener Kinder zu sein und Mütter sich gelegentlich darüber vergewissern würden, dass Kinder nicht immer ein gewaltiger, besser wohlkalkulierter und akkurat plazierter Schritt im Bastelprojekt der eigenen Identität waren, bei dem man so gut wie alles falsch machen kann und bei jedem Handgriff auf einen griechischen Chor von Expertenmeinungen angewiesen ist, sondern auch eine selbstverständliche Nebensache, die es gut verträgt, nicht als Lebensaufgabe in des Wortes tristester Bedeutung behandelt zu werden. Und wir stecken in den Schwierigkeiten mittendrin, weil wir mittlerweile normal finden, dass hinter den immens hoch veranschlagten Bedürfnissen des Kindes alles andere zurückzustehen hat und die Beziehung zwischen Mutter und Kind noch obendrein einer exklusiven Liebesaffäre gleicht, die umgeben ist von einem Hof typischer Begleiterscheinungen des romantischen Liebesideals wie Eifersucht, Eins-sein-Wollen, Identitätsvermengungen, Schwärmerei und allfälligen Projektionen. Mütter, die dem Liebeswahn erliegen, können gar nicht anders: Sie dulden keine andere neben sich und äußern sich gern abfällig über die fremde Frau, sei es die Tagesmutter, die Erzieherin oder die Mutter anderer Kinder. Sie fühlen sich zurückgestoßen, verprellt und abgelehnt, wenn der kleine Schatz den Papa beim Vorlesen bevorzugt. Sie sind beleidigt und dauerverletzt, wenn das Kind hin und wieder die Gesellschaft anderer Erwachsener vorzieht und überwachen mit Argusaugen die Kontaktaufnahme des Kindes mit anderen Kindern. Sie fordern die Kinder auf, einen Pullover anzuziehen, wenn ihnen selbst kalt ist, und rennen dann wieder ohne Jacke durch den Schneesturm, um Fingerfarben zu kaufen, damit das Kind einen kreativen Moment nicht ungenutzt verstreichen lässt. Fragt man höflich, wie es ihnen geht, antworten sie: »Der Philipp hat das ganze Wochenende gekotzt.« Oder sie seufzen: »Der Joshua bekommt gerade Zähne.« Irgendwie sind sie hinter dem Kind verschwunden und tauchen als versprengte Reste vermengter Identitäten im Kind wieder auf:

»Jetzt hat er mir doch glatt die Windpocken angeschleppt.«
»Sie hat mir endlich den Spinat aufgegessen.«
»Jetzt hat er mir doch noch angefangen, wieder in die Hose zu machen.«
»Sie hat mir doch tatsächlich eine Zwei im Diktat geschrieben.«

Ungeniert trumpfen sie bei jeder Gelegenheit auf: »Johanna tut ja alles fürs Ballett! Sie hat aber auch so ein Talent«, sprudelt es aus ihnen heraus, während sie einem dicken kleinen Mädchen die Zöpfchen richten, das sich mit offensichtlich nur mäßiger Begeisterung in das Tutu gezwängt hat. »Ich wollte ja Eiskunstläuferin werden, aber so ehrgeizig wie sie war ich halt nicht.« Egal worüber man mit Müttern plaudert, sie verstehen es stets, den Gesprächsfaden punktgenau zum Thema Kind zu lenken. Dabei sind Mütter, die immer nur über ihre Kinder reden, sogar noch schlimmer als Teenager, die jeden zweiten Satz mit »Mein Freund hat gesagt …« beginnen.

Das Kind als eine geheimnisvolle Erweiterung des eigenen Selbst anzusehen, ist völlig okay. Doch der Wunsch, in den Vollendungsmöglichkeiten des Kindes aufzugehen, die symbiotische Bindung zu spüren, birgt in sich auch die Anstrengung selbstlos und nicht selbstsüchtig zu sein. Das Identitätsdilemma einer Mutter besteht darin, das Übergangsstadium darin zu erkennen, »das alle Eltern durchlaufen müssen, bevor sie es zulassen können, dass das Kind eine eigene Identität entwickelt«, schreibt treffend Angela Barron McBride.

Nichts gegen die Liebe, die zweifellos die Mutter-Kind-Dyade im Innersten zusammenhält, besonders wenn der Vater sich anschickt das Weite zu suchen. Soll er doch! Männer kommen und gehen, versichern wir uns gegenseitig. Was haben sie auch schon zu bieten gegenüber dieser strahlenden Naturgewalt von Innigkeit, Hingabe und Reinheit? Doch es ist eine andere Art Liebe als die zwischen Erwachsenen gleichen oder verschiedenen Geschlechts. Die ist nämlich, zumindest in der romantischen Theorie, immer auf Ewigkeit angelegt und führt idealerweise dazu, dass zwei Menschen sich nah und näher kommen, sich auch ohne viele Worte verstehen, aufeinander Rücksicht nehmen, gerne zusammenbleiben, sich nacheinander sehnen und das Leben fortan als Paar gemeinsam stemmen.

Ganz anders gestrickt ist die Liebe zwischen Kindern und ihren Müttern, denn da beginnt die Trennung genaugenommen schon mit der ersten Morgenübelkeit in der frühen Schwangerschaft. Ein Wesen, das zu kühnsten Hoffnungen und schönster Vorfreude berechtigt, aber nicht ihr eigenes Wesen ist, hat vom Mutterkörper Besitz ergriffen. Es wohnt und wächst in ihr, aber es ist nicht sie. Ist das Baby geboren, wird die Tatsache, dass es sich nun um zwei deutlich voneinander unterscheidbare Körper handelt, augenfällig. Das Baby ist gelandet, so fremdartig und faszinierend wie ein Ufo, so rein, unschuldig und schutzbedürftig wie ein Engel, so unberührt wie Neuschnee. Zweifellos handelt es sich um ein atemberaubendes Wunder und präsentiert sich seiner Mutter als das perfekteste Kind aller Zeiten. Doch nur wenig erdet zuverlässiger als die Erkenntnis, dass wir diesen überwältigenden Eindruck, ein wunderbares Wesen in die Welt gesetzt zu haben, mit allen Müttern gemein haben. Vielleicht ist das auch der Grund für den emsigen Wettstreit, in dem wir unsere Kinder gegeneinander antreten lassen. Welches lächelt früher? Welches hebt zuerst das Köpfchen, kräht zuerst »Mama«, sitzt und isst und spricht früher als alle anderen? Meins natürlich.

Doch all dieses Hingerissensein täuscht darüber hinweg, dass es eine Episode in unserem Leben, aber nicht das Leben selbst ist, was jetzt beginnt. So verrückt diese große Liebe ist, so groß ist auch ihr Schatten. Unbändiger Zorn, unterschwelliges Genervtsein, mütterliche Enttäuschung und Wut über die eintönige Leier der mütterlichen Pflichten, das alles hat genauso seine Berechtigung und seinen Platz in dieser Beziehung. Wir tun das alles, um die Kinder von uns weg zu erziehen, groß und größer werden zu lassen und eines Tages gehen lassen zu können. Während die T-Shirts auf der Leine immer größer werden, die kleinen Töpfchen auf dem Herd gegen große Töpfe ausgetauscht werden und die winzigen Schuhe, in die wir einst die kleinen Zehen hineingebastelt haben, längst wahren Elbkähnen gewichen sind, müssen wir uns an unsere wichtigste Aufgabe erinnern: Die besteht nicht wie ihr romantisches Ideal darin, einander immer wichtiger zu werden, sondern darin, uns überflüssig zu machen.

»Unsere Rolle ist nicht nur jene des liebevollen Begleiters, sondern auch die des irritierten Gegenspielers, der viele Verhaltensweisen des Kindes nicht versteht«, wagt der Schweizer Pädagoge Allan Guggenbühl in der *Neuen Zürcher Zeitung* ein paar völlig unkorrekte Gedanken. »Statt sich durch eine romantische Phantasie leiten zu lassen, ist diskretes Desinteresse oder gar eine moderate Kinderfeindlichkeit am Platz.« Wie sonst will man auch Kinder rund um die Uhr, jahrein, jahraus ertragen – und schätzen? Kinder sind nämlich keine Geschenke, keine Offenbarung, keine Partner und keine Erfüllungsgehilfen für die Sehnsüchte erwachsener Frauen, sie heilen nichts und helfen auch nicht, ihre Väter zu binden. (Müssten nicht alle kleinen Mädchen, die ihre Existenz diesem Ziel verdanken, Kitty heißen?)

Bestenfalls sind sie eine Freude und ein Ärgernis zugleich, minutenschnelle Wechsel inbegriffen. Sie sind auch nicht die schützenswerten, verehrungswürdigen Träger aller Eigenschaften, die wir Erwachsene längst verloren zu haben glauben: spontaner, ehrlicher und gefühlvoller als wir Alten, die gestresst, verhärmt und zugeknöpft durchs Leben lavieren und allein im (eigenen) Kind noch Offenheit, Spontaneität, quicklebendige Wärme und natürliche Neugier auf die Welt und ihre Geheimnisse erkennen mögen. »Wenn die Kindheit als unsere Ursprungsgeschichte fungiert, droht die Gefahr, dass wir Kindern übernatürliche Persönlichkeitszüge attribuieren«, warnt Allan Guggenbühl und das völlig zu Recht: die religiös anmutende Verehrung des gottähnlichen Kindes zum einzigen Sinn und Lebenszweck seiner Mutter tut dem Kind, der Mutter und dem Vater nicht gut und taugt allenfalls dazu, eine Generation egoistischer Tyrannen heranzuziehen, die im vermeintlichen Grundrecht einer frustrationsfreien Entwicklung den Anspruch konservieren, vom Leben wie von der allzeit verfügbaren Mutter gehätschelt zu werden. Und umgekehrt: Die Überzeugung, für einen Menschen unersetzlich und wichtig wie die Luft zum Atmen zu sein, belohnt Frauen mit Kindern für die vielen Lasten, die unsere Gesellschaft Müttern auflädt. Da können Mütter sich emotional bedienen: das Kind ist abhängig von der Mutterliebe und steht zur Verfügung, wenn wir kuscheln wollen. Das Kind muss sich damit auseinandersetzen, wenn wir gestalten und walten wollen und kann sich nicht entziehen, indem es sich betrinkt, den Scheidungsanwalt aufsucht, ins Hotel zieht oder sich eine andere Mutter sucht. Weglaufen gilt nicht für eigene Kinder, sie müssen sich mit ihren Müttern arrangieren, selbst wenn die sich in ihren Söhnen den Mann ihrer Träume erschaffen, den sie vergeblich gesucht haben, oder in ihren Töchtern über den Ansporn zu bizarren Leistungen verwirklichen, was sie selbst im Leben nicht erreicht haben, obwohl sie beinahe einmal das erste Staatsexamen geschafft hätten, wenn nur nicht die Schwangerschaft dazwischengekommen wäre. Die Chance, ein Wesen nach eigenen Vorstellungen zu formen, weil man insgeheim spürt, dass man seinetwegen eigene Ambitionen, die eigene Identität aufgegeben hat, ließen Mütter besser ungenutzt verstreichen und wären dann auch besser gerüstet für den Moment, wenn der süße kleine Kerl, der sich so schmeichelhaft an sie gekuschelt hat, heranwächst und sie ihn an ein dummes Mädchen im Minirock und Glitzer-Top abtreten müssen, das noch nicht einmal kochen kann und sich weigert, seine T-Shirts mit den originellen Aufdrucken zu bügeln. Oder das bezaubernde kleine Mädchen von einst, in deren fröhlichem Geplapper, blonden Löckchen und aufgewecktem Naturell die Mutter so viel von sich selbst wiedererkannte, zu einem unscheinbaren, pickligen Mauerblümchen heranwächst, das gerne Tierpflegerin oder evangelische Gemeindeschwester werden will. Das vom eigenen Ehrgeiz, hemmungslosen Rivalisieren und diversen narzisstischen Bedürfnislagen diktierte Vergnügen, Kinder aufwachsen zu sehen, beeinflusst unser Verhalten ihnen gegenüber – im Allgemeinen über Gebühr und manchmal gnadenlos. Ob die Freude, ein einziges oder gar vier, fünf Kinder zu Sachbearbeitern im Finanzamt, Kellnern auf dem Touristenboot, Filialleitern in Supermarktketten, Müllmännern oder Fleischereifachverkäuferinnen heranzuziehen, nachhaltiger und reicher ist als die Begeisterung, mit der Mütter ihr Kind zu einem befähigten Neurochirurgen, einer Kapazität der Biotechnologie oder einem begnadeten Pianisten heranwachsen sehen, steht immer noch dahin. Und die Frage, ob es für eine Frau lohnender ist, einen Astrophysiker, Literaturnobelpreisträger oder einen millionenschweren Börsenhengst heranzuziehen, als selbst einer zu sein und keinen aufzuziehen, hat auch noch keine schlüssige Antwort gefunden.

3. Kapitel
Wer kriegt schon Kinder, weil er sie liebt?

Liebe allein genügt nicht, um Kinder zu erziehen, nicht einmal, um sie liebenswert oder liebesfähig zu machen, sagt der französische Philosoph André Comte-Sponville. Und man möchte im Stillen ergänzen, dass Liebe allein noch nicht einmal ausreicht, um zu erklären, warum Frauen überhaupt ein Kind haben wollen. Wer seine eigenen Beweggründe genau mustert, sein Gewissen erforscht und sich unter anderen Müttern mal umhört, findet jede Menge stützende Hinweise für Simone de Beauvoirs gallige Behauptung, dass Mutterliebe meist eine seltsame Mischung aus Narzissmus, Altruismus, Traum, Aufrichtigkeit, Unaufrichtigkeit, Hingabe und Zynismus ist. Die gefühlige Penetranz, mit der Mütter anderen Müttern die Konsistenz des Windelinhalts rapportieren, das Fünf-vor-zwölf-Gesicht, das sie aufsetzen, wenn sie im Kinderladen Frühförderung anmahnen und die einfältig wirkende Demut, wenn sie betonen, dass ein zahnloses Lächeln oder die Umarmung kleiner, warmer, speckiger Ärmchen doch der schönste Lohn für all die Mühsal seien: ist das Liebe?

Supermuttis müssen jetzt sehr tapfer sein und ihren Heiligenschein festhalten, wenn der Gegenwind zu stark wird: Es gibt ungefähr tausend gute Gründe, ein Kind in die Welt zu setzen. Die Liebe zu Kindern, der Wunsch für sie zu sorgen und immer für sie da zu sein, ist eher ausnahmsweise darunter. Dabei weiß doch jeder, dass Kinder ohne Liebe nicht gedeihen können? Allerdings ist Liebe ein Gefühl und als solches nicht auf Kommando herstellbar, auf Liebe hat niemand einen Anspruch und sie ist auch nicht das Grundrecht jeden Kindes – vielleicht sähen wir klarer, wenn wir das einsehen würden. Möglicherweise wären Frauen auch viel eher geneigt, liebevoll und zärtlich zu versorgen, wenn ihnen nicht überall um die Ohren gehauen würde, dass Mütter das automatisch tun. Doch so weit sind wir noch nicht. »Im Namen der Liebe, die Mütter zu ihren Kindern haben oder haben sollen, im Namen dieser großen Liebe ist von Frauen zu viel Einschränkung und Verzicht und von Kindern zu viel Gegenliebe erzwungen worden«, beschreibt Barbara Sichtermann die Melange aus Forderung, Mangel und Gefühlsüberschuss, die bei uns zum moralischen Imperativ geworden ist.

Warum sind alle – die Öffentlichkeit, die Wissenschaft, die Politik – so versessen darauf, dass Kinder geliebt werden? Spiegelt der allgegenwärtige Ruf nach mehr Mutterliebe nicht auch die verzweifelte Hoffnung, dass doch bitte irgendjemand in dieser kalten, konsumversessenen und von profitgierigen, machtgeilen Technokraten besetzten Welt zu bedingungsloser Liebe und selbstlosem Geben in der Lage ist? Nur Mama kann's richten. »Man macht sich kaum klar, für wie viel Unheil die ewigen Appelle verantwortlich sind, man müsste Kinder mehr lieben. Jedem Menschen tut es gut, wenn er geliebt wird, das ist klar. Aber er hat keinen Anspruch darauf. Anspruch hat er darauf, geachtet zu werden. Liebe ist mehr, und wenn sie das bleiben soll, darf sich niemand einreden lassen, er sei zur Liebe verpflichtet«, schreibt der Antipädagoge Ekkehard von Braunmühl. Und weiter: »Es gibt kaum ein schlimmeres Unrecht als den Versuch, Kindern seine wahren Gefühle zu verbergen.« Puuh. Harte Worte, denn unter all dem Schönen, das unter der wogenden Mutterbrust wohnt, sind auch stets ein paar unfeine Gefühle dabei. Die allwaltende, übermächtige Liebesforderung ist nicht nur privat arg belastend, sondern blockiert manchmal geradezu gedeihliche Beziehungen zwischen Eltern und Kindern, »denn die Schuldgefühle, ein Kind nicht genug zu lieben, zerstören leicht die letzten Grundlagen für mancherlei Zwischenformen der Sympathie, der Zuwendung und der Solidarität, die sonst noch immer vorhanden sind«.

Deshalb müssen wir die Mutterliebe jetzt noch nicht gleich wegschütten wie saure Milch. Doch viel schlechtes Gewissen gelangt in den Appellen an die frische Luft, Kinder zu lieben und unentwegt Gefühl zu produzieren. Das entlastet wenigstens die Appellierenden und belastet die Adressatinnen: »Wenn dann einmal wieder Kindernöte die Öffentlichkeit beschäftigen, so können die Autoritäten vom Versagen der Eltern sprechen, womit sie, fragt man genauer nach, meist das Versagen der Mütter meinen«, schreibt Barbara Sichtermann. Wer der kitschigen Propaganda zum Opfer fällt, dass Frauen aus Liebe zu Kindern Mütter werden, darf sich schon schuldig fühlen, wenn der Teststreifen sich verfärbt und die Seligkeit sich nicht gleich einstellt. Da steht man gleich am Anfang schon doof da, gerade mal schwanger und schon gefrustet, weil man offenbar von der idealen Mutter und ihren korrekten Gefühlen noch meilenweit entfernt ist.

Nur weil sie Kinder lieben und selbst welche möchten, bekommen Frauen nämlich keine Kinder. Bei näherem Hinsehen bekommen sie Kinder aus allen möglichen Gründen, die absolut nichts mit Liebe zu den Kindern zu tun haben, sondern ganz anderen und nicht minder achtbaren und ganz und gar nicht unlauteren Wünschen geschuldet sind. Je besser man das versteht, desto eher wird man mit Gefühlen fertig, die das Verhältnis zum Kind in ungesunder Weise trüben. Außerdem hilft die Übung dabei, das Kind vor den eigenen überspannten Erwartungen in Sicherheit zu bringen. Los geht's. Nur Mut, wild wuchernde Phantasiegewächse, heimliche Obsessionen, vieldeutige Gedankenspielereien und strategische Überlegungen sind eher die gefühlte Regel als die Ausnahme. Bei Licht besehen gibt es fast genauso viele sekundäre Gründe für den Kinderwunsch, wie es Stellungen im Kamasutra gibt. So viel darf man riskieren: Frauen kriegen keine Kinder, weil sie sich in Wirklichkeit einen Penis wünschen, sondern

- weil Freunde dauernd fragen: »Und, wann ist es bei euch so weit?«
- weil sie dem Drang nicht widerstehen können, Mr. Right an sich zu binden.
- weil sie herausfinden wollen, ob die Schwangerschaft sie wirklich hübscher, weicher, runder macht und wie sie wohl aussehen werden, wenn der zarte Schmelz knospender Weiblichkeit auf dreißig Meter Entfernung zu erkennen ist.
- weil die Eltern sich sehnlichst einen Enkel wünschen und mit ihren Fragen nerven.
- weil sie neugierig sind, was ihre Gene mit denen des tollen Typen auf dem Kissen nebenan zustande bringen.
- weil sie auf Partys gerne eine überzeugende Antwort parat haben wollen, wenn sie gefragt werden, ob sie Kinder haben.
- weil sie hoffen, dass der Mann sie umso mehr lieben wird, wenn sie ihm ein Kind schenken.
- weil sie sich in den Gedanken verliebt haben, dass etwas von ihnen bleibt, wenn sie selbst gehen müssen.
- weil sie wissen wollen, ob das Stillen tatsächlich den ultimativen erotischen Kick beschert.
- weil sie eine Pause im Job brauchen. Perfekt: Wer käme je auf die Idee, dass man ein Baby bekommt, weil man gerade nicht weiß, wo beruflich der Hase lang läuft?

- weil sie es besser machen wollen als die eigene Mutter und cooler sein wollen als die anderen Glucken.
- weil sie endlich mitreden oder wenigstens zurückjammern wollen, wenn andere Mütter über Dreimonatskoliken, Trotzanfälle und musikalische Früherziehung lamentieren.
- weil's irgendwie zu einem Frauenleben dazugehört.
- weil es nicht reicht, eine Tochter zu sein, und erst die Tatsache, eine Tochter zu haben, den kosmischen Kreis schließen kann.
- weil sie sich eine Auszeit im kollektiven Schlankheitswahn gönnen wollen, und endlich mit der Natur eins werden, sich mit ihrem Körper versöhnen und aufrechten Ganges durch das vollbesetzte Restaurant die Toilette ansteuern wollen, und die Blicke auf ihren wackelnden Hintern abprallen lassen dürfen.
- weil die Aussicht, endlich eine schöne, reine, von Grund auf gute Beziehung zu haben, in der man noch dazu immer selbst das Sagen hat, einfach unwiderstehlich ist.
- weil sie sich selbst endlich mal als aufopfernd, tugendhaft, diszipliniert und selbstlos erleben wollen.
- weil Babys so furchtbar süß und reinweg zum Knuddeln sind und man mit diesen Gefühlen jedenfalls auf der sicheren Seite gelebter Biologie ist.

Noch einmal mit Gefühl: Mutterliebe ist etwas Wunderbares, doch selbstverständlich ist sie nicht. Ein Kind ist ja nicht grundsätzlich liebenswert. Kinder sind laut, chaotisch und widerspenstig, sie ruinieren teure Sofas, schöne Kleider, vielversprechende Berufsaussichten, große Lieben, sie stellen pausenlos Fragen und kosten ziemlich viel Geld. Die Langmut und achselzuckende Gelassenheit, mit der man das alles ertragen kann, und auch die Fähigkeit, sich von einem Nervenbündel in einen Fels in der Brandung zu verwandeln, wenn es drauf ankommt, hat uns doch niemand in die Wiege gelegt. Das lernen wir, so oder so. Geduld, Opferbereitschaft und eine gewisse Leidensfähigkeit sind auch unter Müttern ungleich verteilt – ich weiß genau, wovon ich rede.

Aber einen Grund muss es doch geben, warum wir unseren Kindern ein Leben lang so fest verbunden und innig zugetan bleiben und so dauerhaft leidenschaftliche Beschützerinstinkte entwickeln? Darüber lässt sich trefflich streiten, und zwar schon seit langem, doch die modernen Biologen sagen: Es liegt an der Natur. Das fein abgestimmte und wenig störanfällige Zusammenspiel zwischen Hormonen und Genen ist der Grund dafür, dass sich diese Bindung so haltbar und intensiv wie keine zweite gestaltet – und zwar bei allen Lebewesen auf dieser Erde.

Eine gnädige Flut aus Endorphinen lässt uns die ausgestandenen Schmerzen bei der Geburt augenblicklich vergessen, wenn wir in die blauen Augen unseres Babys starren. Ein feines Rieseln von Oxytocin in unseren Adern belohnt uns mit wohligem Behagen, wenn das Baby an der Brust saugt, wenn wir unsere Nase über das flaumige Köpfchen wandern lassen, wenn unsere Hände zärtlich über die rosige Haut streicheln. Doch das Beste kommt noch: Prolaktin heißt die Wunderwaffe der Natur, die den Milchfluss ankurbelt und noch viel mehr Gutes bewirkt: Immer wenn Lebewesen sich um ihren Nachwuchs kümmern, steigt der Prolaktin-Pegel im Blut mächtig an – bei Menschen und Mäusen, bei Kühen, die ihr Kalb trockenlecken, bei Pinguinen, die ihr Ei auf den Füßen balancieren, bei Pavianen, die ihre Kleinen lausen, und Glucken, die brüten. Viel hilft viel: Je mehr Prolaktin im Körper unterwegs ist, desto heftiger drängt es große Lebewesen, kleine zu bemuttern, zu füttern und sich todesmutig auf viel stärkere Angreifer zu stürzen – und zwar nicht nur allein bei Müttern, sondern auch bei Vätern, Männlein wie Weiblein. Das will uns das Elternhormon sagen. Wir alle, Frauen wie Männer, bringen in unseren Genen die hormonellen Zutaten für die Bereitschaft mit, Kinder zu lieben, zu versorgen, zu beschützen und dabei so treu zu sein, dass wir es in seinen ersten Jahren nicht längere Zeit allein lassen mögen. So viel Liebe braucht ein Kind; mindestens einen Erwachsenen, der es ernst nimmt und bei ihm bleibt. »Dieser Jemand kann irgendwer sein: ein Rentner, ein Jüngling, eine ältere Dame«, sagt Barbara Sichtermann. Wichtig sei nur, dass der Jemand, besser noch zwei oder drei Menschen, den zeitlichen und kräftemäßigen Anforderungen des Lebens mit einem Kleinkind gewachsen ist. »Die Mutter als biologische Mutter, auch die mütterliche Person, von der in der pädagogischen und psychologischen Literatur so viel die Rede ist, ist durchaus entbehrlich.« Autsch. Das tut weh. Aber nehmen wir diesen schmerzhaften Moment doch mal wie andere körperliche Zipperlein als einen Hinweis darauf, dass hier etwas nicht in Ordnung ist. Hätten wir mehr als unsere Unentbehrlichkeit, Unersetzlichkeit und Allzuständigkeit zu verlieren, wenn wir auch unsere Schuldgefühle und das schlechte Gewissen mit dem zweiten Erwachsenen, dem Vater, teilen dürften?

»Wir sollten uns deshalb auch von dem ideologisch überfrachteten Wort Mutterliebe verabschieden«, schlägt Barbara Sichtermann vor, »und stattdessen von Liebe zum Kind oder Kindesliebe sprechen, ein Gefühl, zu dem Erwachsene beiderlei Geschlechts und der verschiedenen Altersstufen fähig sind.« Auch liebenden Vätern, hingebungsvollen Tanten und anderen sorgenden Verwandten, liebevollen Pflegeeltern und auch den treuen Tagesmüttern gehört eigentlich am Muttertag ein

Sträußchen gewunden und ein Gedicht aufgesagt. Doch alle blumigen Worte und Lobpreisungen gelten immer nur den Müttern und das hat seinen Grund. Dichter und Philosophen wie Erich Fromm klingen wie ein kleiner Junge am Muttertag, der in sentimentalen Sätzen wie

> »Mutterliebe ist Seligkeit, ist Friede, sie braucht nicht verdient zu werden.«
> »Die Mutter ist die Heimat, aus der wir kommen; sie ist die Natur, die Erde, das Meer.«
> »Die Mutter hat die Funktion, dem Kind Lebenssicherheit zu bieten.«

beschreibt, was für eine Mutter er sich gewünscht hätte oder was er glaubt, dass sie gerne hören möchte. Im Kern der Loblieder auf die liebe Mama scheint immer auch die Beschwörung auf: »So, liebe Mama, sollst du sein. Bittebittebitte. Sei so gut. Sag, dass es dich glücklich macht, das für mich zu tun.«

Glückliche Mütter haben glückliche Kinder, der Gemeinplatz hält sich bis heute. Doch wie das Glück in die Mutter kommt, darüber schweigen die Experten und denken sich das mütterliche Wesen lieber anspruchslos. Und in den vielgestaltigen Beschwörungsformeln hören wir noch immer eine verzweifelte Hoffnung, die untergründige Angst mitschwingen, dass die Liebe der Mutter endlich sein und lange nicht so bedingungslos gewährt werden könnte, wie Kinder sich das wünschen.

Die Tradition der Beschwörung von Mutterliebe zieht eine gleißende Spur, durchwirkt von ihrem Pendant, der Mutterschelte, durch die Jahrhunderte. Generationen von gelehrten Theologen, Kirchenvätern, Philosophen, Psychologen und

Dichtern haben schöne Worte gefunden, Sätze wie Donnerhall geschmiedet und leidenschaftliche Überzeugungen verbreitet, damit die Frau zur Mutter reift, bei der Stange bleibt und ihre Pflichten nicht versäumt. Denn das gibt Rache! Ein und dasselbe Motto durchzieht alle diese Mahnungen und Warnungen: »Mütter, hört auf die Stimme der Natur! Sonst kommt ein furchtbares Unheil über euch und die ganze Welt.« Oder wenigstens doch ein Engpass in der Rentenfinanzierung, mit dem sich die Natur für die sture Empfängnisverhütung rächt. »Es vergeht kein Tag, an dem nicht irgendein neuer älterer Herr die jungen Frauen an ihren Auftrag für Vaterland, Rentenkasse und Kulturnation erinnert und sie darüber in Kenntnis setzt, worin das menschliche Glück besteht: in der Familie«, schreibt Iris Radisch in der *ZEIT* über den Preis des Glücks.

Doch statt romantische Bilder totaler Selbstaufopferung heraufzubeschwören, könnten wir Einfühlungsvermögen für die Bedürfnisse der nächsten Generation aufbringen, Freundlichkeit, Schutz, fortwährende Fürsorge und Achtung vor der Würde der Kinder auf zwei Schultern verteilen und wären frei, einige der stillschweigend vorausgesetzten Annahmen über die Kleinfamilie noch einmal gründlich zu überdenken. Die »Mutter« müssen wir ja deswegen noch nicht gleich abschaffen, aber wir könnten sie einfach mal neu erfinden, weniger als Geschlechtsbezeichnung, mehr als sachlich fundiertes Arbeitsplatzprofil, dessen potenzielle Passgenauigkeit grundsätzlich beiden Geschlechtern zuzutrauen ist. Mehr noch: Bewerbungen von Frauen, Männern, Behinderten, Alten, Jungen, Armen und Reichen wären ausdrücklich erwünscht. Befreite man die Mutterschaft von dem sentimentalen Stuss, könnte man auch endlich darüber nachdenken, wie die bestmögliche Entwicklung der Kinder ermöglicht werden kann – zum Beispiel dadurch, dass sich möglichst viele freundliche Menschen verlässlich und ernsthaft um die Kinder kümmern.

Das könnte doch ganz schön werden: Zeitungen und Radiosendungen würden nicht mehr Bekenntnisse von Stars wie Madonna verbreiten, dass sie sich als schlechte Mutter fühlt, weil sie ihre Kinder nicht jeden Abend selbst ins Bett bringen kann. Oder Statements wie das von Angelina Jolie unter die Leute bringen, dass sie keinen Tag ohne ihre Kinder sein kann und sie deswegen immer dabeihat, wenn sie durch die Welt tourt. Oder in großen Lettern über Britney Spears herfallen und »Was ist das denn für eine Mutter?« über Fotos schreiben, auf denen ein Leibwächter die Kinder trägt, während die Mama nur ein kleines Handtäschchen schwenkt?

Nachbarn würden sich hüten, den Kinderwagen schiebenden Vätern Arbeitslosigkeit oder eine faule Ehefrau zu unterstellen.

Reportagen über Entbindungen kämen ohne Weichzeichner aus, weil jeder weiß, dass Gebären eine schweißtreibende und anstrengende Angelegenheit, also harte Arbeit ist.

Stillkampagnen wären verboten, weil niemand einen Sinn darin erkennen könnte, Müttern fläschchengestillter Säuglinge ein beinhartes schlechtes Gewissen einzureden, das sie schnurstracks in Depressionen treibt.

Hausfrauen würden sich in Werbespots und auf Partys nicht zur Familienmanagerin aufplustern dürfen, bloß weil sie es schaffen, die Kinder des offensichtlich gutsituierten Ehemanns an ihrer Seite großzuziehen und einer Karrierefrau, die offensichtlich allein gekommen ist, schnippisch sagen: Ich manage ein sehr erfolgreiches Kleinunternehmen mit drei Kindern, einem Mann und fünf Haustieren. Denn jeder wüsste, dass diese Werbung das Apartheidsystem reanimiert, als müsste man sich eben entscheiden, Hausfrau zu sein, die um Anerkennung kämpft, oder Nadelstreifenbiest, das Karriere macht, aber allein bleiben muss.

Arbeitsgruppen wie die aus dem Justizministerium, die im Frühjahr dieses Jahres ernsthaft vorschlugen, dass Eltern, die ihre Erziehungspflichten verletzen und nicht mit dem Jugendamt kooperieren, ein Bußgeld zahlen sollen, würden öffentlich geteert und gefedert und danach einfach aufgelöst.

Mütter müssten nicht mehr wie ertappte Sünder die Augen niederschlagen, wenn der Kinderarzt drohend mit dem Impfbuch wedelt, weil die Windpocken-Impfung versäumt wurde.

Alberne Filmchen, in denen Papas ungeschickt mit Kinderkleidung und Haushaltswaren agieren, würde niemand mehr sehen wollen, weil jeder einen Vater kennt, der fähig und einfühlsam mit seinen Kindern umgeht und sogar unfallfrei eine Mittagsmahlzeit zubereiten kann.

Kathedergelehrte dürften nicht mehr verbreiten, dass eine Mutter nur erwerbstätig sein darf, wenn sie eine ideale Betreuung für ihre Kinder gefunden hat, weil jeder wüsste, dass es keine idealen Lösungen gibt.

Schulen dürften nicht mehr davon ausgehen, dass die Mütter allzeit bereit zu Hause hocken, um die Kinder abzuholen, wenn plötzlich ein paar Unterrichtsstunden ausfallen. Sie dürften auch nicht mehr unter dem Fähnchen der Kooperation die Mitmach-Ideologie feiern, nur um Mütter mit dämlichen Aufgaben zu überhäufen, als Hausaufgaben-Handlanger einzuspannen und mit Briefen einzuschüchtern, sie gefügig zu machen, indem sie Grund zur Befürchtung geben, dass das Kind alles ausbaden muss und für sie arbeiten zu lassen, weil Lehrer klare Köpfe hätten, die sich selbst und ihre Grenzen zeigen und Kindern begegnen können, auch ohne das Mutter-Relais dazwischenzuschalten.

Tagesmütter, Babysitter, Kindergärten und Ganztagsschulen würden um der Kinder willen geschätzt und nicht als faule Bequemlichkeit, achselzuckende Gleichgültigkeit und Pflichtvergessenheit von Eltern diffamiert. Außerdem gäbe es da ein warmes Mittagessen für die Kinder, das nicht die Mutter gekocht hat, und Klavierstunden, Fußballtrainings oder Nachhilfestunden, die die Mütter nicht bezahlt haben. Und die Hälfte des Personals in Kindergärten und Schulen wäre übrigens männlich.

Viel kann man sich vorstellen, wenn der Druck nachlässt. Vielleicht, vielleicht würde sich dann auch die Konkurrenz unter Müttern gar nicht als unvermeidlich, sondern als ein vorübergehender Augenblick in der Geschichte der Menschheit darstellen?

4. Kapitel

Wahlfreiheit ist Qualfreiheit:
Gute Mütter kommen den Staat billiger
als gute Kitas

In der Gegend hinterm Mond wird seit Menschengedenken um sie gestritten. Trotz der zwei oder drei Dinge, die man heute über sie weiß, bleibt ihr Wesen rätselhaft verschlossen, so dass die Spekulationen ins Kraut schießen. Die Anschuldigungen werden in immer schrilleren Tonlagen vorgetragen, und die Debatte um sie hat längst hysterische Züge angenommen. Die Fakten: 29,7 Jahre, sagt die Statistik, ist sie bei der Geburt des ersten Kindes alt, die in den meisten Fällen auch die einzige Geburt in ihrem Leben bleibt. Das tapfere Fähnlein der Aufrechten, die mit 31,4 Jahren ein zweites Kind bekommen, steigert die durchschnittliche Zahl mütterlicher Nachkommenschaft auf 1,3 Kinder – also 0,65 Kind pro Elternteil. Nur jede Zweite ihrer Art geht arbeiten, und überhaupt wird sie immer seltener. Nur eine von dreien macht sich und der Welt überhaupt die Freude, auch nur ein einziges Mal Mutter zu werden. Sie macht sich rar nach probater Frauenart, und damit gelingt es ihr zuverlässig, wie gehabt, Begehrlichkeiten ins Groteske zu steigern. Seit Frank Schirrmacher in seinem Buch *Das Methusalem-Komplott* das Verschwinden der Kinder bemerkte und die Frauen anklagte, dass sie die »Urgewalt der Natur« missachten, steht der Untergang praktisch bevor, und alles schreit wieder nach der Mama. Zum Glück gibt es sie ja noch – mit schlechtem Gewissen serienmäßig ausgestattet und offenbar immer noch unschlüssig darüber, wohin sie jetzt eigentlich gehört. Aber sie kann Spagat. Sie könnte einem leidtun, wenn endlich einmal geklärt wäre, wie lang die tatsächliche Mutter noch hinter ihrem Idealbild herhecheln muss. Oder was man schlussendlich von ihr halten soll. Rauf auf den Sockel, runter vom Sockel, dann wieder bekränzt, gescholten, geehrt und vor den nächsten Karren gespannt, dieses ewige Hin und Her hält die stärkste Frau nicht aus. Man müsste glatt grundsätzlich Mutterschutz beantragen! Über die Mütter haben wir jetzt so lange gestritten, dass sie nun alles persönlich nehmen. Das geht dann so: Männer sagen etwas über die Mütter und werfen den Fehdehandschuh hin. Nach guter Mutter Art heben sie das Ding gleich auf und gehen aufeinander los: Mütter, die zu Hause bleiben, beschimpfen Mütter, die arbeiten gehen, und die wiederum verachten Mütter, die zu Hause bleiben. Eva Herman hat es noch weiter getrieben, denn ihr neues häusliches Ich zankt jetzt mit dem älteren, berufstätigen Ich – unbeeindruckt davon, dass das Betreuungsobjekt, um das es vorgeblich ja immer geht, wenn Mütter zanken, mittlerweile wohl längst aus den Windeln raus sein dürfte.

Im Streit zwischen den Müttern um das gelbe Trikot der einzig guten, wahren und schönen ist uns eine neue Ikone erstanden – die Supermutti. Das Modell gibt es in zwei Ausführungen, mit denen die Produktlinie der vormals Brutglucke und Rabenmutter genannten Prototypen erweitert, runderneuert und frisch getunt ins Rennen gehen. Die Frage Job oder Kind haben die Vertreterinnen der Vereinbarkeitstheorie für sich grundsätzlich entschieden. Das friedliche Nebeneinander von Kindern und Karriere gehört zum ersten ihrer Glaubenssätze und die Zahl ihrer Anhänger ist groß.

Anstelle der treusorgenden Mutterglucke bringen sie die Supermutti, Variante A, ins Rennen: Dieses Wunderweib hat so viele Hände wie die vielarmige indische Göttin Kali, und sie braucht neben wenig Zuspruch auch nur 50 Minuten Schlaf. Arbeitet wie besessen, hetzt danach zum Elternabend, herzt die Kinder und kümmert sich in der spärlichen Restzeit liebevoll um Kind, Kerl und Küche. Der Mann an ihrer Seite sagt sich, Hauptsache er ist gesund und die Frau hat Arbeit, und ist zufrieden, weil sie ihn in Ruhe lässt. Sie sorgt für die Kinder, bringt Geld heim und macht auch optisch mehr her als ihre unspektakulären Artgenossinnen, die ihren erotisch-ästhetischen Ehrgeiz mit der Plazenta ausgestoßen haben.

Blöd nur, dass diese Supermutti abends nach dem letzten Küsschen auf rosige Kinderwangen regelmäßig zusammenbricht, und weil sie schon bei der Tagesschau eingeschlafen ist, schreckt sie erst spätnachts auf, wenn die 0190er Nummern über den Bildschirm flimmern – immer genau an der Stelle, wo RUF AN ertönt. Denn da haben sich viele Anrufe angestaut, die sie wieder nicht geschafft hat: bei der Freundin, der Mutter, dem Trainer im Fußballverein, der Lehrerin …

Selbst schuld, rufen die Verfechter des alten Familienmodells neuerdings immer lauter, und viele hören ihnen zu. Sie wussten nämlich immer schon, dass eine Vereinbarkeit von Kindern und Beruf moralisch verwerflich und strukturell unmöglich ist. Die atemlose, dauergehetzte Dekadenz der Supermutti, Typ A, entlockt ihnen viel Häme: Diese Frauen wollen alles, ist doch klar, dass das schiefgeht. Zurück auf Los, ohne jedoch 2000 Euro einzuziehen. Egoistinnen und Mannweiber, schimpft diese Fraktion der Supermuttis, Typ B, gerade so, als hätten nicht auch sie sich von der Wahl ihres Modells das größtmögliche Lebensglück versprochen. Außerdem waren sie so umsichtig, sich einen Mann zu erwählen, der diese Wahl finanziell zu alimentieren imstande ist. Aber nein, Rabenmütter gehören ins Nest, Job und Kind sind eben nicht zu schaffen, finden Brutgluckenmütter und betonen, dass man sich um die Kinder, die man hat, nur selbst und alleine wirklich gut kümmern kann. Gestritten wird ums Rechthaben: Die Vollzeitmutter oder die voll berufstätige Mutter und welches der beiden Modelle unsere Zukunft bestimmen sollte. Geradeso, als hätten wir die Wahl zwischen beiden.

Die hochemotional aufgeladenen Berichte über die Erfahrungen des jeweils befolgten Modells, von der die Gegenseite nun überzeugt werden soll, führen dazu, dass man sich fühlt wie die durch Überredung eingeschüchterte Rentnerin auf der Kaffeefahrt, die die angepriesene Heizdecke sofort kauft, obwohl sie schon hundert davon zu Hause hat und außerdem gerade Hochsommer ist.

Supermutti, Typ A, ergeht sich in Lobpreisungen des Segens, den die polnische Kinderfrau, die teure Tagesmutter oder die engelsgleiche Erzieherin im Kinderladen über die Kinder bringen. Supermutti, Typ B, singt ihr Loblied gerne im Chor mit Kirchenmännern, konservativen Politikern und anderen Familienpropagandisten. Dass die meisten von ihnen das Leben einer Vollzeitmutter allerdings nicht aus eigener Anschauung, sondern aus rückblickender verklärter Erinnerung kennen, tut der Wucht ihrer Worte keinen Abbruch. Umso blumiger geraten ihre Schilderungen: Mütter, die am Herd in großen Töpfen rühren, unerschrockene Frauen, die mit ihrem unermüdlichen Einsatz für Kinder, kranke Nachbarn und schwächelnde Alte unsere Kranken-, Renten- und Sozialsysteme vorm Zusammenbruch bewahren, mit nimmermüder Häuslichkeit und lächelnder Bereitschaft, auch einmal zurückzustecken, die Scheidungsrate niedrig halten und durch eigenhändige Kinderbetreuung die Zukunft ihrer Liebsten sichern. Die Blaupause der von Natur aus selbstlosen und aufopferungsbereiten Kinderversorgerin ist die Matrix dieses Modells. Wenn Frauen außer dem Hegen und Pflegen auch an einem erfüllten Berufsleben gelegen ist, wird sie von dieser Fraktion ausgepfiffen. Dort wird man schnell kiebig: Wenn eine Frau nach der Geburt meint, ihren Berufsweg fortsetzen zu müssen, und sich dann natürlich überfordert fühlt, hat doch der arme Mann keinen Grund, an der Lösung dieses Problems mitzuarbeiten, außer er hat diesen Erwerbstrieb durch mangelnde eigene Einkünfte mitverschuldet. Für diesen, aber nur diesen traurigen Fall, dass die Arbeit aus finanziellen Gründen nötig ist, signalisieren je nach Umfrage zwischen einem Drittel und der Hälfte der Bevölkerung wenigstens – Verständnis.

. Dass eine Frau sich in jungen Jahren eben entscheiden muss, ob sie einen Beruf oder ein Kind haben will, nehmen wir alle doch noch immer unwidersprochen hin. Allerdings setzt diese Entscheidung wie jede andere eine Wahl zwischen verschiedenen Möglichkeiten voraus. Und die gibt es in Deutschland immer noch nicht.

Dabei geht es keineswegs darum, Familien ein Betreuungsmodell aufzuzwingen, in dem das Baby staatlicherseits, vielleicht unter Einsatz beherzter Jugendamtsmitarbeiterinnen mit grauem Haar und dicken Beinen von der Mutterbrust gerissen wird, um in einer öden Krippe verwahrt zu werden, bis die Mutter ihren Tribut in das Bruttosozialprodukt eingespeist hat. Oder weinende Kleinkinder, die sich verzweifelt an Mutters Hosenbein klammern, hordenweise in Horte zu verfrachten, um sie einem martialischen Bildungsprogramm zu unterwerfen oder in sozialer Kompetenz zu trainieren, die ihnen zu Hause mit der lieben Mama allein niemals zuwachsen könnte.

Es kommt nur darauf an, Müttern Angebote zu machen,

die mit Qualität überzeugen, statt mit Internierung zu drohen, damit die Mütter und die Väter ihr Leben gestalten können. Mehr nicht! Aber auch keinesfalls weniger. Es ist doch so: Karrierefrauen und solche, die am mittleren bis oberen Einkommenssegment unterwegs sind, kriegen die Betreuung ihrer Kinder doch sowieso geregelt. Auch weil sie genug Geld dafür ausgeben können und damit eine echte Chance haben, Kinder und Beruf miteinander zu versöhnen – wenn auch keine Wahl. Denn wenn sie zu Hause blieben und all das Geld für die Kinderbetreuung nicht verdienen könnten, wären sie ähnlich aufgeschmissen wie Supermarktkassiererinnen, Busfahrerinnen, Bürokauffrauen und Polizistinnen ohne Krippenplätze.

Die hysterische Debatte darum, wie viel Mama ein Kind braucht, ist letztlich eine gepflegte Mittel- und Oberschichtdebatte. Nur wer gut situiert wird, zum Beispiel durch den finanziellen Hintergrunddienst eines einkommensstarken Gatten, kann es sich leisten, zu Hause zu bleiben. Und schwups – schon offenbart sich der ganze Lärm um die Gutmutterschaft als untrennbare Melange, in der das Wirtschaftssystem mit einer bestimmten Familienstruktur verzahnt ist. Man schützt ihr Muttersein, indem man Frauen finanziell abhängig hält. Vater oder Vater Staat zahlen dafür, dass sich die Mutter ganz ihrem Kind widmen kann.

»Ich sollte die Stelle nur bekommen, wenn mein Sohn einen Krippenplatz hatte. In den Krippen hieß es: Den Platz bekommen Sie nur, wenn Sie einen Job haben«, erzählt die Fernsehköchin Sarah Wiener dem *STERN*. Mit ihrem anderthalbjährigen Sohn lebte sie von Sozialhilfe, als ihr ein Sekretärinnenjob angeboten wurde. Sie rannte von Krippe zu Krippe: »Eine alleinerziehende verzweifelte Mutter fragt nicht nach Montessori oder Biomöhre. Dieser Job war mein Ticket zurück ins normale Leben.« Im achten Kindergarten brach sie weinend zusammen. Die Leiterin hatte Mitleid und nahm ihren Sohn auf. Diese Geschichte kommt vielen Frauen in Deutschland traurig aktuell und leidig bekannt vor.

Wundert sich eigentlich noch irgendwer ernsthaft darüber, dass sich Paare gegen Kinder entscheiden, dass die Erwerbsquote von Frauen seit Jahren vor sich hin dümpelt und Familien dem größten Risiko ausgesetzt sind, zuerst arm und dann abhängig von staatlichen Leistungen zu werden? Komisch nur, dass es in Ländern wie Frankreich oder Schweden mit guter außerfamiliärer Kinderbetreuung, selbstverständlicher Erwerbstätigkeit von Müttern und mutmaßlich weniger Schuldgefühlshuberei darüber auch mehr Kinder gibt? Wie machen das eigentlich die Gallierinnen? »Anders als deutsche empfehlen französische Mütter ebenfalls, vor rigideren Tagesrhythmen für ihre Kinder nicht zurückzuschrecken, und geben dabei den Rat, Babys zugunsten eines festen Schlafrhythmus auch einmal schreien zu lassen – was unter deutschen Müttern uneingeschränkte Verachtung und blanken Abscheu hervorruft. Typisch für deutsche Frauen ist gleichfalls die Angst, symbolträchtige Augenblicke wie den ersten Schritt oder das erste Wort des Kindes zu verpassen. Auch ist rationales Abwägen zwischen den Bedürfnissen der Mutter und des Kindes in Frankreich eher möglich. Rationales Abwägen ist in der deutschen Familienkultur eine Sache, bevor die Kinder geboren sind – mit der Folge, dass die Kinder erst gar nicht oder in fortgeschrittenerem Alter geboren werden«, erklärt der Soziologieprofessor Trutz von Trotha einen der vielen kleinen Unterschiede.

Lassen wir kurz den Mutterschmus einmal beiseite und folgen dem professoralen Hinweis auf den Nutzen rationalen Abwägens in dieser leidigen Gespensterdebatte: Die gute Mutter, wie sie in den Köpfen herumspukt und in den Tiraden gegen die Tagesbetreuung immer wieder ihr grausiges Haupt erhebt und mit den Ketten rasselt, kommt einfach billiger als die guten Kitas, von denen wir träumen. In Deutschlands privaten Haushalten werden jährlich im Schnitt 97 Milliarden Stunden unbezahlter Arbeit geleistet. Muttersein ist zwar kein Beruf mit geregelten Ausbildungsstandards, Urlaubsanspruch und gewerkschaftlicher Interessenvertretung, doch Arbeit am Herd ist durchaus Geldes wert, wenn es jemanden gäbe, der das bezahlen wollte. Vollzeitmütter geben an, im Schnitt 91,6 Stunden pro Woche für Haushalt und Kindererziehung aufzubringen. Berufstätige Mütter arbeiten noch mehr: durchschnittlich 44 Stunden für ihren Arbeitgeber und 49,8 Stunden für ihre Familie. Als Grundlage für die Lohnberechnungen orientiert sich eine aktuelle Studie des amerikanischen Consulting-Unternehmens salary an dem Gehalt in zehn Berufen, die den Aufgaben einer Hausfrau mit Kindern ähneln: Haushälterin, Köchin, Nachhilfelehrerin, Wäschereiangestellte, Gärtnerin, Computerfachfrau, Hausmeisterin, Chauffeurin, Psychologin und Unternehmenschefin. Eine Hausfrau und Mutter zweier kleiner Kinder arbeitet zwölf Stunden am Tag, heißt es im Vorwerk-Familienreport aus dem vergangenen Jahr. Wenn der Beruf der Familienmanagerin entlohnt würde, wären 1580 Euro monatlich angemessen, sagten die für den Report befragten Frauen – etwa zehnmal so viel wie die in den Südstaaten der Bundesrepublik anvisierte Herdprämie, die Frauen locken soll, auf den Beruf zu verzichten und daheim bei den Kindern zu bleiben. Das kann man sich ganz einfach ausrechnen: 46 % der Mütter kleiner Kinder verzichten in Deutschland auf Erwerbsarbeit. Wenn jetzt die Arbeit jeder einzelnen mit 1580 Euro monatlich abzugelten wäre, käme eine astronomische Summe zusammen, neben der die Kosten für eine halbe Million Krippenplätze wie ein Schnäppchen wirken.

Dass Mütter als Hausfrauen auch eine effiziente ökonomische Einrichtung darstellen, die für den Staat kostenneutral eine gute Mutter sein darf, wissen die Volkswirtschaftler schon lange und illustrieren ihren Studenten diesen dürren Sachverhalt mit der launigen Scherzfrage: »Was passiert, wenn der Professor seine Haushälterin heiratet? Dann sinkt das Bruttosozialprodukt.«

Eva und die alten Männer liegen in einem Punkt gar nicht so daneben. Es ist kaum zu schaffen. Jedenfalls nicht alleine. Familien haben nur eine Chance, wenn die Männer mitziehen. Wenn mehr Männer Elternzeit nutzten, kranke Kinder pflegten und die Meetings um 17 Uhr boykottierten, hätten die Frauen eine Wahl, weil ein Kind dann nicht mehr automatisch einen Knick in das brächte, was hartnäckig und despektierlich als Karriere bezeichnet wird und in Wirklichkeit einfach nur eine Arbeit ist, die Frauen keinesfalls immer nur als Fron, sondern durchaus als Bereicherung erleben. Mehr familienfreundliche Arbeitsplätze statt arbeitsplatzgerechter Familie, das hätten wir gerne. Weiter träumen, wird eh nichts daraus? Mehr Plätze in Krippen und Kindergärten, mehr gute Ganztagsschulen sind nicht zu finanzieren? Der Fortschritt eine Schnecke?

Vielleicht. Vielleicht es aber auch eine gute Gelegenheit, als Frau noch mal zu überdenken, ob es wirklich so schlau ist, sich in neuer Bürgerlichkeit aufzuplustern und nicht mal mehr in Erwägung zu ziehen, dass Erziehung und Arbeit auf beide verteilt werden könnten, um dann einfach mit den Kindern zu Hause zu hocken, den Mann zur Arbeit zu schicken und in Reihenhäusern, Mietskasernen oder gepflegten Altbauwohnungen den alten Vertrag, Sex gegen Essen, durchzuexerzieren. Ob man sich nicht vielleicht langsam mal wieder, Moment, wie hieß das noch gleich ... ach ja: für Gleichberechtigung engagieren müsste?

5. Kapitel

Warum Mütter andere Mütter nicht leiden können

Als Mutter sehe ich das so …« – »Als Frau und Feministin …« – »Ich bin keine Emanze, um Himmels willen, aber als emanzipiert würde ich mich schon bezeichnen …« – »Ich persönlich als Alleinerziehende finde …–Natürlich bin ich Feministin« – »In erster Linie bin ich Hausfrau und Mutter« – »Ich liebe meine Kinder, aber mein Beruf ist mir wichtig …« – wie Frauen von sich selbst zu reden pflegen, sagt oft schon alles: Berufsfrauen, Familienfrauen, Alleinerziehende, Gattinnen, erklärte Feministinnen und erklärte Nichtfeministinnen rivalisieren miteinander um die vorderen Plätze im Mutter-Ranking, um die Gunst der Männer und um den Siegerpokal des besten Lebensmodells.

Dass männliches Wohlgefallen wandelbar ist, haben die meisten zwar schon verstanden und können hin und wieder schon an etwas anderes denken als nur daran, wie genau er sie jetzt am liebsten hätte. Und der vorausschauende Gedanke, dass die eigene ökonomische Sicherung deshalb in den eigenen Händen gut aufgehoben ist, findet durchaus Anklang in liebenden Frauenherzen und funktionierenden Frauenhirnen.

Doch im Meer der modernen Unübersichtlichkeit der Lebensentwürfe und Familienformen ragt das Ideal der Gutmutterschaft immer noch wie ein prähistorischer Leuchtturm aus dem Nebel und Mütter geben im Allgemeinen täglich ihr Bestes, sich an den Signalen zu orientieren. Und die funken immer noch kräftig Botschaften, die einen strikten Kurs des Lebens in Hingabe an Kind und Mann erzwingen wollen. Im Schlingerkurs von Widrigkeiten und Wertschätzungen übersehen viele

Mutterschiffe, wie gefährlich Leuchttürme für Nussschalen bei schlechtem Wetter auf hoher See sein können: wer versucht, dem Leuchtturm zu nahe zu kommen, kentert schnell in den Klippen an der Küste. Manchmal grandios: Schaut man auf den Schiffbruch der Schulen in der PISA-Misere, scheint der Verzicht der Frauen auf die Karriere zugunsten der Kinderaufzucht nicht so viel zu bringen. »Der Rückfall von Deutschland liegt tatsächlich stark an unserem Frauen- und Mutterbild. Wir haben die Frauen zu Hause gehalten und dafür das Schulsystem verschlampen lassen. Jetzt klagen wir über die Eliten, die wir nicht haben. Das Gleiche gilt für Italien, Spanien, Österreich und Japan, also die gesamte postfaschistische Allianz. Sie haben alle den Bildungssektor vernachlässigt«, sagt Gisela Erler, Unternehmerin und Inhaberin der pme Familienservice GmbH im Interview mit der *WELT.* »Es gibt kein Land mit einem Hausfrauenmodell, das auch nur annähernd genügend Kinder produziert, auch Schweden oder Frankreich nicht. Viele denken, es muss tiefere Gründe für den Geburtenrückgang geben, einen Werteverfall etwa oder die Suche nach anderen Inhalten. Aber dieses Mutterbild, das die Strukturen bewahrt, ist meiner Meinung nach die Hauptursache für die ganze deutsche Krise.«

Weibliche Kapitäne messen ihren Erfolg allerdings auch nicht offen an der erreichten Position, dem errungenen Vorsprung vor den Mitbewerberinnen oder den beeindruckenden Bruttoregistertonnen, die sie da täglich durch den Sturm steuern, sondern daran, wie gut die Stimmung an Bord ist und wie viel besser oder schlechter auf dem eigenen Deck als an Bord des Nachbarschiffes. Harmonie geht über alles, besser als Konflikte auszutragen haben wir gelernt sie zu vermeiden und wenn das nicht geht, beinhart zu leugnen. Die Kehrseite der Medaille besserer Beziehungsfähigkeit ist die verinnerlichte Erwartung, dass wir alle Probleme im Guten lösen können. Das Gelingen von Beziehungen wiegt für Frauen schwerer als Noten, Geld, Status und Prestige. Um nur gut miteinander auszukommen, leugnen Frauen Konkurrenz und tun gerne so, als gäbe es kein Rivalisieren um beschränkte Ressourcen. Gibt's aber: Wenn nur eine Stelle für viele Bewerberinnen frei wird, wenn sie fürs Schulfest einen Kuchen liefern sollen, wenn sie mit ihren tollen Männern, hochmusikalischen Kindern, gepflegten Haushalten, wohlerzogenen Familienhunden, selbstgemachter Marmelade, geputzten Fensterscheiben und was auch immer die Welt beeindrucken wollen.

Dabei versichern sich Mütter und andere Frauen unermüdlich ihrer Zusammengehörigkeit, gewähren sich gegenseitig tiefe Einblicke in ihr Seelenleben, weihen einander in intime Gedanken und sehr private Vorgänge ein, aber sie setzen sich auch gegenseitig unter Druck, möglichst gleich zu sein, was das Aussehen und die Kleidung, die Hobbys, die Ansichten und die Probleme damit betrifft. Das Gleichheitsgebot verlangt, dass Einzelne sich nicht hervortun dürfen – wer ausschert, gilt schnell als Angeberin, Wichtigtuerin oder sogar als Mannweib und zieht unweigerlich den Ausschluss aus der Gruppe der Gleichgesinnten nach sich. Das kommt schon für notorisch beziehungsfixierte Mädchen einem sozialen Todesurteil gleich und kreiert auf Schulhöfen, Kindergeburtstagen oder Faschingsfesten im Kindergarten die Atmosphäre der Garderobe von Heidi Klums Model-Casting-Show.

Frauen machen sich gegenseitig das Leben schwer. Was passiert, wenn eine sich nach oben absetzt, haben die Wissenschaftler mit dem Krabbenkorbphänomen beschrieben. Einen Korb mit lebendigen Krabben muss man nicht oben abdecken, damit keine entfliehen kann. Denn sobald sich eine Krabbe anschickt, den Korbrand zu erklimmen und in die Freiheit zu entweichen, recken die anderen am Grund des Korbes die Zangen, um sie wieder zurückzuziehen. Und am Ende werden sie schön alle zusammen gekocht und landen auf den Tellern der Gourmets dieser Welt.

Dumm auch, dass Schwäche im weiblichen Subsystem mehr gilt als Stärke; Selbstaufgabe wird mit Tugendhaftigkeit verwechselt und hingebungsvolle Opferbereitschaft zur Mutternorm erklärt. Neid und Missgunst muss man sich hart verdienen, allein das Mitleid kriegt man geschenkt. Mehr als das Versagen fürchten viele Frauen den Erfolg, denn Scheitern und Misslingen trifft noch immer auf Trost und Unterstützung, im Erfolg aber stehen wir allein. Frauen bestärken sich im Scheitern, nicht im Gelingen. Das ist der Schnittpunkt aller Klagen über Wäscheberge, bockige Kinder, leere Kühlschränke und häusliche Verhältnisse, in denen nur der Pudding das Seufzen der Hausfrau hört. Und auch der dramaturgische Plot der beständig aus unseren Mündern perlenden schmachvollen Eingeständnisse, in denen wir genussreich anderen Frauen unsere Überforderung schildern, das alltägliche Scheitern am hochgesteckten Anspruch bebildern und unsere Anekdoten mit galgenhumorigen Bemerkungen würzen, was den Schmerz über die Unzulänglichkeiten der Männer, die Gemeinheiten der Chefs und was der Mühsal mehr ein Frauenleben bereithält. Keine Frage, das muss ja auch mal sein – aber es schwächt auf lange Sicht ungemein, sich immer nur auf der Verliererseite zu vergewissern, sich darüber zu trösten, dass es anderen genauso schlechtgeht, statt darüber nachzudenken, wie es allen bessergehen könnte! Was für ein Einfallstor für verächtliche Unterstellungen, dumme Sprüche, blanke Häme und erlesene Bosheiten wir da sperrangelweit offenhalten, um in den Augen der anderen den Anfangsverdacht zu bestätigen, dass nicht alles Gold sein kann, was glänzt! Eine Frau, die sich über das Eintrachtsgebot hinwegsetzt, ihren eigenen Stil von Mutterschaft findet und vielleicht im Beruf auch noch aufsteigt, muss mit dem Schlimmsten rechnen: dass sie von anderen Müttern kritischer beurteilt wird als von Männern. Und deshalb machen wir uns so gerne klein. Entschuldigen uns als berufstätige Frau mit untadeligem Haushalt beim weiblichen Besuch für die ungemachten Betten. Behaupten, das tolle Kleid sei schon sooo alt oder gerade ein Schnäppchen gewesen. Wehren die Komplimente über eine wohlgeratene Mahlzeit mit der Bemerkung ab, dass im Risotto doch etwas Salz fehle oder entschuldigen uns lieber gleich, dass wir den Gästen dieses vergammelte Essen vorgesetzt haben …

Wahrscheinlich mögen berufstätige Frauen auch deshalb Teilzeitjobs so gerne. Denn das ist die einzige Arbeitsform, die es uns erlaubt, die Arbeit so zu organisieren, dass die Familie gar nicht merkt, dass Mutti arbeiten gegangen ist, während die Kinder im Kinderladen so schön Laternen gebastelt haben und der Mann im Büro mit Millionenbeträgen jongliert. Und wenn dann die Gäste am Abend loben, wie man das wieder hingekriegt hat, nach einem langen Arbeitstag und der Unruhe, die die Kinder da reinbringen, abends auch noch mit einem selbstgekochten Drei-Gänge-Menü zu punkten, gibt man sich besser bescheiden: »Ach, das war doch eine Kleinigkeit … Hab ich doch gern getan!« Man muss sich kleinmachen, damit die anderen Mütter einen wieder groß machen können, denn das können sie gut. Wir eiern um den Gleichheitsfetisch herum, um von unseren Verdiensten und Erfolgen abzulenken. »Ich bin so schlecht« ist noch die wirkungsvollste Strategie, um Unterstützung und weiblichen Beifall einzuheimsen. »Du hast es gut, du kriegst das alles auf die Reihe, ich könnte das ja nicht«, kommt als doppelbödige Bewunderung daher, die wenig mehr als moralische Herabsetzung birgt und die Beifallsspenderin jedenfalls elegant von den Pflichten des weiblich-mütterlichen Solidaritätspaktes befreit.

Wir haben Routine darin, Erfolge so zu relativieren, dass andere Mütter ihre Beißhemmung nicht allzu schnell aufgeben. Dazu reicht schon die Erfahrung oder auch nur die Befürchtung, dass Erfolg einer Mutter unter anderen Müttern schadet. Solidarität und Unterstützung erfahren wir in der Schwäche, Neid und Missgunst blühen uns, wenn wir stark sind.

Erwachsene Frauen folgen diesem Muster des Eintrachtsgebots, das über dem weiblichen Mix von Verbundenheit und Verstoßenwerden hängt. Sie kennen die Angst vor dem Ausgeschlossensein genauso wie die Neigung, mit anderen Frauen wegen ihrer Andersartigkeit zu rivalisieren. Dabei lehnen sie eher ausnahmsweise rigoros und ausdrücklich das ab, was zwei Frauen voneinander unterscheidet, sondern granteln und giften eher subtil und hintenrum ums bessere Lebensmodell. Die Konkurrenz mit offenem Visier auszutragen wäre in diesem Klima der gegenseitigen Rückversicherung und schrittwarmen Feinabstimmung eine existenzielle Bedrohung. Solidarität? Weit gefehlt. Wenn überhaupt, dann gilt die Fürsorge ausschließlich den eigenen Kindern und verliert die Konkurrenzkinder aus dem Blick: Dieselben Mütter, die nachts kein Auge zutun aus Sorge, das Kind im falschen Kindergarten angemeldet zu haben, mokieren sich über eine staatlich organisierte außerfamiliäre Betreuung von Kindern berufstätiger Mütter.

Wir sitzen vielleicht nicht alle im selben Boot, aber die Fracht ist ähnlich, und das Ziel der Reise unterscheidet uns auch weniger voneinander, als wir wahrhaben wollen. Könnten

164

wir die Dinge beim Namen nennen, könnten wir sie auch ändern – und die Konkurrenz produktiv gestalten und die männlichen Schiris nach Hause schicken, denen es durchaus gelegen kommt, wenn wir uns anzicken.

Die Rivalität schwindet ja nicht, wenn man sie leugnet, sondern sucht sich nur andere Wege. »Das Leben wird nicht leichter, wenn man den Frauen die ganze Verantwortung für das häusliche Leben im Austausch gegen wirtschaftliche Unterstützung zuweist«, sagt Shari Thurer. »Konkurrenzdenken und Rivalität verschwinden nicht, wenn man von der Außenwelt abgeschlossen wird. Sobald man die offene Aggression unterdrückt, wird sie zur latenten Aggression. Aggressionen müssen in Tätigkeiten umgeleitet werden, aber wenn das Betätigungsfeld nur das Kind ist, wie das bei Müttern traditionsgemäß ist, steckt man in den Schwierigkeiten mittendrin.«

Im gedanklichen Kurzschluss von Andersartigkeit als Verrat am Gleichheitsgedanken wechselt hinter dem liebreizenden Lächeln die Konkurrentin mit der besten Freundin im Sekundentakt. Treffen zwei Mütter aufeinander, reichen wenige Augenblicke, um die Rivalin zu scannen und die Relais einschnappen zu lassen.

»Was hat sie, was ich nicht habe?«, das ist die Mutter aller Fragen, die Frauen sich stellen, wenn sie auf Partys, Elternabenden oder beim Auftritt des Kinderchors aufeinandertreffen. Die berufstätige denkt, dass es bestimmt besser ist, eine glückliche Mutter zu haben, die nicht immer da ist, als eine frustrierte Mutter, die immer zu Hause hockt. Die wiederum denkt, dass die andere zwar einen interessanten Job haben mag, sie dafür aber mehr Zeit für die Kinder. Die Einzelkindmutter denkt, dass sie ihr Kind nach Kräften fördert, indem sie ihm alles gibt. Die mit vielen Kindern denkt, dass die Übermutter im Gluckenformat ihr Kind verwöhnt, erdrückt und in seiner guten Performance den eigenen ausbleibenden Lebenserfolg kompensiert. Die dicke denkt, dass der anderen die gute Figur wohl wichtiger ist, als einfühlsam auf die Kinder einzugehen und mit ihnen die Hausaufgaben zu machen. Die dünne denkt, dass sie sich nie so gehenlassen würde und als blasses, wabbeliges Muttertier im XXXL-T-Shirt dem Prinzesschen den Barbie-Rucksack nachtragen würde. Die bemannte denkt über die frisch verlassene, dass sie den Mann irgendwie verstehen kann, der sich vom Acker gemacht hat. Wie die schon aussieht! Und die alleinerziehende lässt keine Gelegenheit aus, sich als glücklich getrennt vorzustellen und schüttelt sich angewidert bei der Vorstellung, abends einen Kerl auf dem Sofa einsitzen zu haben, den sie auch noch fragen muss, Liebling, wie war dein Tag?

Vom privaten zum politischen und von da wieder zurück – Konkurrenz wird über persönliche Angriffe statt sachlich fundierter Kritik ausgetragen und noch immer auf die fundamentale Frage nach dem richtigen Frausein verlagert. Deshalb wissen wir alle mehr über die Frisur der Bundeskanzlerin als über die Politik, die sie vertritt. Deshalb verübeln wir der Familienministerin die steile Karriere, die sieben Kinder, den Elternzeit nehmenden Ehemann oder das gute Aussehen, je nach Lagerzugehörigkeit. Und steigen sympathiemäßig aus, wenn wir der Zeitung entnehmen müssen, dass sie auch noch Plätzchen mit den Kindern backt, wo wir gerade Schokoherzen bei Aldi gekauft haben, sogar der Hund gepflegter wirkt als die hauseigene Promenadenmischung, und letztens an einem Samstag sogar schwierige Dressurprüfungen auf dem Rücken eines wunderschönen Hengstes mit Bravour ablegte, während man die Reithosen der eigenen Töchter in die Waschmaschine stopft und sich mit unklaren Sehnsüchten und Selbstzweifeln herumplagte, weil man selbst so gerne würde, sich im fortgeschrittenen Alter aber nicht mehr so frohgemut wie einst auf den Pferderücken zu schwingen wagt.

Und so vergleichen wir noch heute, wenn wir nicht gestorben sind. Der Neid, der in den Fugen allgegenwärtiger Vergleiche nistet, wuchert noch immer verhaltensneutral. Wir wissen nämlich nicht so genau, wie wir mit den Ergebnissen umgehen sollen. Was sagt mir die blitzende Küche, in der ich zu Gast bin, um meinen Jüngsten vom Spielnachmittag abzuholen, über meinen Schlampladen zu Hause, wo ich seit drei Jahren nicht mehr zum Fensterputzen gekommen bin, aber manchmal nachts T-Shirts und Unterhosen bügle, damit meine Kinder in der Schule nicht so alleinerzogen wirken? Egal, Neid gehört mit Recht zu den sieben Todsünden, und deshalb ist er gar nicht da.

Das kommt den Männern gerade recht: Nichts sichert Männermacht zuverlässiger, als die Rivalität unter Frauen zu schüren, schreiben sie manchmal in den Dominanzanleitungen ihrer Managementbücher. Frauen, die sich von Männern emotional abhängig fühlen, neigen auch zu größerer gleichgeschlechtlicher Rivalität, hat die kalifornische Psychologin Gloria Cowan in ihrer Studie *Womens hostility toward women* festgestellt. Eingeschränktes Wohlbefinden, das mit Feindseligkeit zwischen Frauen einhergeht, stellt sie in einen übergeordneten Zusammenhang: »Wir gehen davon aus, dass die Feindseligkeiten unter Frauen nicht nur einen bedeutenden Einfluss auf das persönliche Wohlbefinden, die Lebensfreude und das Selbstwertgefühl einzelner Frauen haben, sondern auch dem Erfolg der Frauen als Gruppe im Weg stehen.« Wie wahr.

Während wir uns auf den Nebenschauplätzen verzetteln und unsere Kräfte verschleißen, bleibt das männerdominierte Establishment fest im Sattel: »Dank der Rivalität zwischen Frauen haben mächtige Männer die Möglichkeit, ihre hochdotierten Posten in den Konzernen, im Gesundheitswesen und in Justiz, Politik und Militär für sich zu behalten«, konstatiert Leora Tanenbaum in ihrem Buch *Catfight* über den Kern der Konkurrenz unter Frauen. Da gibt es kaum einen Bereich, in dem nicht der Wunsch, die Rivalin auszustechen, das Feld beherrscht. Rivalen sind Anrainer am selben Fluss, und das Terrain ist abgesteckt: Wer hat die klügsten Kinder? Wer ist die Schönste im ganzen Land? Wer gebietet über den gepflegtesten Haushalt, die modernsten Küchenmaschinen? Frauen wetteifern um den tollsten Körper, den tollsten Partner, den bestbezahlten Job und in Gedanken versuchen sie sich darin zu übertrumpfen, wer die beste Mutter ist.

Zickenkrieg? Stutenbissigkeit? Von wegen. »Rivalitäten sind das Ventil für die Unvereinbarkeiten im Leben moderner Frauen«, konstatiert Tanenbaum. Leider richtet sich der Ärger über die zwiespältigen gesellschaftlichen Anforderungen nicht gegen das Diktat der Ansprüche oder die Männer, sondern gegen die Mitgeschöpfe. Frauen bleiben im gesellschaftlichen Dilemma stecken, als Mütter ganz besonders, weil sich die Konkurrenz auf einen traditionell weiblichen Bereich kapriziert: die Kinder, das Haus, der Mann. »Wenn Frauen die Möglichkeit hätten, sich ein größeres Stück vom Kuchen zu erarbeiten«, folgert Leora Tanenbaum, »hätten sie es nicht nötig, miteinander um die Krümel zu wetteifern.«

6. Kapitel

Warum hierzulande jeder einer Mutter erzählen
darf, was eine gute Mutter ist ...

... verstehe ich jeden Tag weniger.

Kaum habe ich meine Zigaretten auf den Tresen der Bar geknallt, die ich gelegentlich aufsuche, weil sich dort einmal im Monat Journalistenkollegen zum Austausch treffen, runzelt mein Gegenüber, reifer Vater eines schon vor Jahren ins Internat verbrachten Knaben, die Stirn: Wie, du rauchst? Das ist ja wohl ziemlich daneben für eine Mutter von vier Kindern. Mal abgesehen von dem entschieden grenzwertigen Vorbild, das ich damit wohl abgebe – gehört sich das? Ich habe ja nie in der Krabbelgruppe geraucht oder an anderen Orten, wo ein paar glückliche kleine Wale um ihre Mütter herumrobben. Übrigens auch nie an der Wiege der eigenen, wie ich mich beeile zu versichern. Auch beim nachmittäglichen Hausaufgabenmarathon am Familientisch bleibt die Kippe kalt, und überhaupt: zu Hause rauche ich höchstens mal heimlich auf dem Balkon, wenn alle im Bett sind, aber in einer Bar, da wird man doch wohl noch ... Er wiegt bedenklich den Kopf und senkt die Mundwinkel in dauerhafter Missbilligung. Es ist mir nicht gelungen, mich zu rehabilitieren. Vielleicht muss ich ihm danken, denn der Vorfall war ein wertvoller Antrieb, das Rauchen aufzugeben – aber als Mensch, der von so was krank werden kann wie alle Menschen, nicht als Mutter, für die besondere Konditionen sogar bei den Dingen gelten, die Erwachsene unter Erwachsenen nun mal tun.

*

Als Mensch unter Menschen dürfen Mütter sich nur ausnahmsweise fühlen. Andere Erwachsene dürfen weitgehend unwidersprochen alles Mögliche machen, was sie können: Atommüll produzieren, Ballerspiele erfinden und die ganze Breitseite von Kaufbefehlen abfeuern, um ihren Profit zu mehren, das Klima verpesten, indem sie die x-te Kleinwagenvariante in den Markt pressen und uns einreden, zu einer wirklich netten kleinen Familie gehört ein Zweitwagen im Van-Format; große Wohnungen so verteuern, dass nur doppelverdienende Kinderlose sich so viel Raum leisten können; mit ein paar staatlichen Almosenzahlungen Familien besprenkeln und ihnen das Geld über ein ungerechtes Steuersystem gleich wieder wegnehmen; Eltern die Verantwortung für schulisches Versagen aufladen und dafür bezahlen lassen, als wären die Kinder im Lauf der Schuljahre schlechter geworden und nicht vielleicht der Unterricht.

Mütter stehen im Allgemeinen stets parat, wenn ein Sündenbock für alles Mögliche gesucht wird, und das macht sie gesellschaftlich gesehen auch so wertvoll. Längst scheint in ganzen Lawinen von Sachwissen ausgemacht zu sein, dass Kindererziehung zu wichtig ist, um sie ausgerechnet Müttern zu überlassen. Mütter werden allenthalben belehrt, aber auch kontrolliert – in den modisch gewordenen Instruktionsangeboten gelangen allerhand staatliche Einflüsse und Zugriffsrechte direkt in die Familien hinein. Unter dem Deckmäntelchen des Kindeswohls, dem sich kinderferne Kreise in Politik, Expertenindustrie und fürsorglerischen Institutionen so lauthals verschrieben haben, sind die Mütter eigenartig unsichtbar geworden. Als erwachsene Menschen mit eigenen Bedürfnissen und Ansprüchen sind Mütter nur ausnahmsweise gleichwertige Mitglieder einer Gesellschaft, die man an irgendeinem höheren Ort, wo man Entscheidungen trifft, die ihren alltäglichen Lebensraum bemessen, gerne sehen würde. Perfekt, allzuständig, unersetzlich muss sie sein und schon das zaghafte Eingeständnis zwiespältiger Gefühle kommt einem Verrat am eigenen Kind gleich. Was wiegt schon der scheue Wunsch einer Mutter, über Arbeit an ein bisschen eigenes Geld heranzukommen, gegen den quasi naturgesetzlichen Anspruch eines Kindes, alle Aufmerksamkeit auf sein goldiges Köpfchen zu ziehen? Vom Füttern auf Verlangen führt ein schnurgerader Weg in kapitalistisch gewollte Verhältnisse und Hausfrauenglück. Wie ließen sich Mütter besser im Haus halten, um rund um die Uhr für Körperkontakt zur Verfügung zu stehen als durch wissenschaftlich bewiesenes Ausbuchstabieren und die Heiligsprechung kindlicher Bedürfnislagen? Wie ließe sich die Konsumversessenheit besser begründen als durch das Recht auf uneingeschränkte Bedürfnisbefriedigung der Kleinen? Im Angesicht der übermenschlich aufgeblasenen Wichtigkeit kindlicher Bedürfnisse wirkt der noch so scheu vorgebrachte Hinweis der Mütter, auch in kindfernen Bereichen gewisse Begehrlichkeiten verwirklichen zu wollen, sei es einen Mittagsschlaf zu halten oder ein Buch zu Ende zu lesen, schon wie Frevel. Erst recht, wenn mal wieder in der Zeitung zu lesen ist, wie Mütter versagen, schlagen die Wellen der Empörung hoch. Die Geschichte der vier Berliner Kinder, die im vergangenen Jahr vom Jugendamt aufgespürt und ihrer Mutter weggenommen wurden, lässt sich auch ganz anders lesen. Ihre Mutter soll über ein halbes Jahr lang nur noch sporadisch anwesend gewesen sein, doch die vier Kinder, von denen das älteste gerade mal zwölf Jahre war, fielen nicht weiter auf. Sie gingen ordentlich gekleidet zur Schule, hatten Frühstücksbrote dabei und auch die Wohnung, zu der sich das Amt dann Zutritt verschaffte, war aufgeräumt. Irgendetwas muss diese Mutter doch richtig gemacht haben, wenn so selbständige Kinder da herangewachsen sind. Darf man das fragen? Oder fällt man besser in den Chor der Stimmen ein, die sich mal wieder erheben, wenn ein verabscheuungswürdiges Beispiel mütterlicher Pflichtvergessenheit durch die Zeitungsspalten tobt?

Mütterschelte ist noch immer wohlfeil: Berufskrankheiten von Müttern wie Kälte, Putzwut, Gluckenhaftigkeit, Uneinsichtigkeit, Überängstlichkeit oder blindwütiger Ehrgeiz füllen lange Listen mütterlicher Verfehlungen und falten einen ganzen Strauß menschlichen Versagens auf. Ist ja auch sonst niemand da, dem man das alles anhängen könnte. Die hässlichen, mechanischen und undifferenzierten Beschwerden über Mütter leugnen allerdings standhaft, dass Kinder aus den Fehlern ihrer Altvordern ziemlich gut lernen und durchaus wachsen können. Wo wären wir denn, wenn unsere Eltern nicht so viel falsch gemacht hätten?

Dass hinter dem Wunsch von Müttern, gewisse Zeiten ohne Kinder verbringen zu können und die ganze Verantwortung für ihr Wohl und Wehe nicht allein schleppen zu müssen, auch ganz normale Ambivalenzen stehen, die jeder Mensch in vergleichbaren Situationen großen Engagements erlebt, will niemand wissen. Jeder Chirurg, der in seinem Beruf aufgeht, und jeder Elektriker, der sich in seinen Schaltkreisen selbst verwirklicht, darf murren und fluchen, wenn ihm die Arbeit mal querläuft und er am liebsten alles hinschmeißen würde. Und eine Portion Zwiespalt begleitet auch das Muttersein: schon weil Mütter erwachsene Frauen sind, die die größeren Möglichkeiten eines Frauenlebens heute nutzen wollen. Die gesellschaftliche Geringschätzung und mediale Ignoranz ihrer Sorgen und allgemeine Unterstellung ihrer Unfähigkeit sind zu einem Riesenhindernis verbacken, das vom Tabu der Unaussprechlichkeit der Belastung zusammengehalten wird. Kinder sind ein Glück und eine irdische Freude, aber wer welche kriegt, sieht sich auch noch mit einem ganzen Heer unfeiner Gefühle konfrontiert, auf die er nicht vorbereitet ist. Zorn, Enttäuschung, Eifersucht, Neid und Wut keimen gelegentlich in allen Müttern auf. »Kinder sind nie Auszeichnungen, die das hervorragende Wesen, die Güte oder die emotionale Stabilität einer Mutter beweisen«, sagt Angela Barron McBride und schlägt vor, dass wir endlich aufhören, in diesen Begriffen zu denken. Eine schöne Idee: Was würde eigentlich passieren, wenn wir unsere Gefühle von Unzulänglichkeit und den Versuch das zu kompensieren, indem wir uns als Supermutti postieren und andere Supermuttis ausstechen, einfach mal aussprechen und uns darüber klar werden würden, wer wir eigentlich sind, was wir wollen und was wir brauchen, um liebende, einfühlsame, gebende Personen zu sein? Am besten fangen wir gleich damit an, bevor wieder einer herkommt und uns erzählt, wie wir sein müssen – und wir am Ende vergessen haben, wie wir sind und wie wir waren, bevor uns die Mutterschaft in Schatten unserer selbst verwandelt hat.

IV. Teil

Mütter sind zum Schleppen da

1. Kapitel
Praktisch erfunden

Sie ist einfach die Beste, und sie will nur das Beste für ihre Kinder, in deren Bedürfnisse sie sich so mühelos einfühlt, wie es kein anderer kann. Nur sie spürt intuitiv, dass das Baby Hunger hat, wenn es schreit und sucht nicht in der Windel nach Gründen für dessen lautstark vorgetragenes Unbehagen, genauso wenig wie sie mit dem Fläschchen wedeln würde, wenn das Baby die Windeln voll hätte. Ihr Einfallsreichtum sprudelt unermüdlich, Langeweile oder Ärger über Routineverrichtungen um des Kindes willen, die andere langweilig finden, kennt sie nicht. Im Gegenteil: reines Vergnügen hat sie am Kind und allem, was mit ihm zu tun hat. Deshalb versteht sie auch nicht, was daran wohl Selbstdisziplin und Aufopferung sein soll. Sie vergöttert ihre Kinder, die allesamt so wunderbar wohlgeraten sind, dass es eine beständige Freude ist, mit ihnen zu schmusen, ihre Höschen zu waschen, ihre kleinen Kümmernisse zu zerstreuen, mit und erst recht von ihnen zu sprechen. Auch backt sie den besten Möhren-Vollkornkuchen im ganzen Viertel, hantiert kenntnisreich mit Moosgummi, Buntpapier und Goldfolie, hat Serviettentechnik drauf und reicht Fenstermalfarbe, Knetgummi und Wachsmalstifte auf Verlangen. Sich um ihre Kinder zu kümmern, kommt ihr so selbstverständlich vor wie Luftholen und nur das kleinste Dankeschön ist ihr schönster Lohn. Homöopathisch, ökologisch, psychologisch und pädagogisch ist sie sattelfest, deshalb weiß sie auch jedem Trotzausbruch mit lächelnder Gelassenheit zu begegnen und ist meilenweit davon entfernt, jeden kindlichen Wutanfall zu einer Machtprobe aufzubauschen. Sie spricht nie mit lauter Stimme und ist stolz auf ihren gepflegten Haushalt. Vom Kindergarten bis zur Oberstufe ist sie immer vorneweg, wenn Elternvertreter gewählt werden und sie nähert sich diesen Aufgaben mit der leidenschaftlichen Beflissenheit eines Politikers vorm Wahlsonntag. Und wie dessen rechte Hand führt sie akribisch Klassenkassen, Diskussionen und Gremienprotokolle. Nicht nur das: Jahre, bevor das Baby mit Tangentialrechnung, Permafrostböden und neuer Rechtschreibung konfrontiert wird, hat sie sich das ganze Schulwissen längst schon wieder draufgeschafft, um es dann auf Zuruf altersgemäß und pädagogisch portioniert zu servieren.

★

Wer hätte nicht gern so eine Mama gehabt; eine strahlende Heldin im Heiligenschein bedingungslos gewährter Liebe und hingebungsvoller Zuneigung zu den Kindern, die im Entzücken an ihrem Wohlergehen und der Freude an ihren Pflichten Erfüllung findet. Man müsste sie erfinden, wenn es sie nicht gäbe und – wenn da nicht die andere wäre. Der nämlich gehen ihre Kinder schnell auf den Wecker, und ob es ihnen gutgeht, ist ihr eigentlich auch egal. Sie hält schon das Baby falsch und hat einmal sogar vergessen, das Köpfchen zu stützen. Sie ist so mit dem neuen Mann in ihrem Leben, den aktuellen Modetrends, spektakulären Events, ihrem famosen Seelenleben, dem nächsten Karriereschritt und immer wieder neuen Diäten beschäftigt, dass sie ziemlich blind und taub für das ist, was ihre Kinder gerade umtreibt. Vom Basteln hat sie keine Ahnung und drückt lehrreiche Bilderbücher allenfalls zerstreut dem Kind in die Hand und zieht sich lieber mit der *Vogue* aufs Sofa zurück. Backen kann sie auch nicht und schämt sich noch nicht einmal dafür, Käsekuchen immer nur aufzutauen. Sie unterbricht auch kein Telefonat mit ihrer Freundin, um liebevoll zugewandt den unzusammenhängenden Bemerkungen über Hunde zu lauschen, mit denen der Zweijährige verzweifelt ihre Aufmerksamkeit auf sich zu ziehen sucht. Nur widerwillig und viel zu selten steht sie nachts auf, um einen Alptraum im Kinderzimmer zu verscheuchen, eine kleine Bescherung zu beseitigen oder eine ausgewogene Zwischenmahlzeit zu servieren. Von Einfühlung hat sie noch nie etwas gehört und erwartet deshalb, dass ihre Kinder in ganzen Sätzen mit ihr sprechen, wenn sie einen Wunsch, ein Bedürfnis oder eine Befürchtung kommunizieren wollen. Gelingt das nicht, zuckt sie mit den Achseln. Einmal biss ihr Kind sie kräftig in die Wange, und da hat sie ihm eine gelangt. Denn sie hat ja keine Ahnung, dass es sich um eine schwierige Phase handelte, die das Kind gerade durchmachte. Woher auch – Bücher über Kindererziehung hält sie nämlich für überflüssigen Quatschkram und liest nur romantische Liebesgeschichten! Allerdings steckt sie ihre Kinder gerne in niedliche Klamotten und gibt dann mit ihnen vor den Schwiegereltern oder wildfremden Leuten auf der Straße an. In Elterngremien sucht man sie vergebens, denn dafür hat sie keine Zeit. Sagt sie jedenfalls. Die Nachhilfe für die Schulkinder überlässt sie kalt lächelnd familienfremden Experten, die sie einfach nur bezahlt. Sie schreit manchmal und sagt dann hinterher, es sei aus Erschöpfung passiert. Aber in Wirklichkeit fehlt es ihr an der richtigen Haltung – sie hat sich einfach nicht im Griff und kann nicht zurückstecken, weil sie Kinder hat, wo doch jeder weiß, dass Kinder das Einzige sind, das wirklich zählt im Leben einer Frau.

Auch sie gibt es nicht, und deswegen musste man sie erfinden – und jetzt ächzen wir in der Wirklichkeit gleich unter dem zentnerschweren Gewicht von beiden, dem Doppelpack aus guter und schlechter Mutter. Das ist bestimmt kein günstiges Sonderangebot. »Frauen sind zum Schleppen gemacht«, sagt John Updike: »Babys und Schuldgefühle.«

Während wir versuchen, der Madonna zu gleichen, fürchten wir die Hexe und reagieren mit allen Zeichen des Abscheus, der Verachtung und des Ekels, wenn wir gelegentlich aus der Zeitung und dem Fernsehen erfahren, dass es zutiefst gestörte, kalte und gefühllose Mütter gibt, die Kindern schreckliche Dinge antun, ohne dabei das kleinste bisschen Reue zu zeigen. Voller Entsetzen wenden wir uns von diesen bösen Beispielen ab und möchten nachdrücklich unterschieden wissen zwischen solchen einzelnen Entgleisungen und der Mehrheit von uns Müttern: ganz normalen Frauen eben, die ihre Kinder lieben und sie so gut wie möglich aufwachsen lassen wollen … und nichts mehr fürchten, als schlechte Mütter zu sein oder von anderen dafür gehalten zu werden. Anders gesagt: Was sagt unser Entsetzen über die Mutter, die ihre neugeborenen Babys getötet und im Blumenkasten vergraben hat, über unseren schrecklichen Alptraum vor Jahren, in dem wir unser eigenes hemmungslos brüllendes Baby beinahe aus dem Fenster geworfen hätten?

2. Kapitel
Gemischte Gefühle im dualen System

In der überlieferten Pflegeanleitung für das Bild der idealen Mutter kommt Ambivalenz nicht vor, im Leben schon. Sorgsam verschweigt der Mythos, dass in der emotionalen Situation, die durch das Kinderhaben entsteht, Himmel und Hölle eng zusammenrücken. Schlimmste Zerstörungswut und heißer Beschützertrieb, bodenloser Zorn und überschäumende Zärtlichkeit, haltlose Begeisterung und abgrundtiefe Enttäuschung schließen sich nicht gegenseitig aus, sondern bringen in gewissen Momenten Seite an Seite vereint unseren sorgsam geordneten Gefühlshaushalt gründlich durcheinander. Alle Mütter erleben Augenblicke, in denen sie sich eingestehen müssen, dass ihre Aufmerksamkeit geheuchelt ist, dass sie die Gefühle ihrer Kinder verletzen und keineswegs immer bereit und in der Lage wären, deren Bedürfnisse glasklar zu erkennen und umfassend zu befriedigen. Der liebevollen, fürsorglichen Zuwendung ist nicht immer anzumerken, ob sie eine Reaktion auf tiefer liegende Aggressionen darstellt, ob sie einen feindlichen Impuls in sein Gegenteil verkehrt und inwiefern sie eigene Schuldgefühle und Versagensängste auslöschen soll.

Kinder erziehen ist schön, macht aber viel Arbeit – so könnte man frei nach Karl Valentin den schlichten Umstand beschreiben, dass Kinder eben eine Bereicherung und eine Belastung sind, die uns mehr fordert, als wir uns jemals hätten träumen lassen. Das gefühlige Ideal der Gutmutterschaft ist völlig unbrauchbar für die Erlebnisse, die im Alltag mit Kindern auf Mütter warten. Für unsere Kinder wollen wir immer topgut sein: große Liebe und wahre Anteilnahme, das ganze Programm.

Dabei fordert die Abhängigkeit, die Schutzbedürftigkeit kleiner Kinder wie auch die Unbedingtheit ihrer Bedürfnisse von ihren Versorgern, immer wieder zu geben, ohne etwas zurückzubekommen, und das auch noch dann, wenn alle Vorräte an Geduld, Gelassenheit und Liebe aufgebraucht scheinen. Diese schöne Übung ist in unserer Gesellschaft zwar längst aus der Mode gekommen, aber Mütter dürfen sich an diesem hehren Anspruch gerne abarbeiten. Kein gelber Zettel vom Hausarzt verschafft ihnen mal eine kleine Auszeit, keine geregelte Pause, kein pünktlicher Feierabend strukturiert ihren Tag. An ihrem Arbeitsplatz schützt sie kein Gesetz vor Diskriminierung, Schadstoffen oder sexueller Belästigung und kündigen oder aufsteigen können sie auch nicht. Das alles ginge vielleicht noch, denn viel schlimmer ist das: »Schuldgefühle. Unsicherheit. Der Versuch, es diesmal besser zu machen. Der Versuch, mehr zu geben. Der Versuch, eine bessere Mutter zu sein als die eigene Mutter. Trotz solcher Gefühle oder gerade deshalb schleppen viele Mütter endlose Schuldgefühle mit sich herum. Schuldgefühle, weil man dem Kind zu viel Aufmerksamkeit schenkt oder nicht genug, weil man dem Kind zu viel Freiheit lässt oder nicht genug, Schuldgefühle, weil man schlägt oder nicht schlägt. Diese Gefühle sind alltäglich, werden aber häufig versteckt. Die Schuldgefühle der arbeitenden Mutter, die Schuldgefühle der Mutter, die nicht zu arbeiten braucht, die Schuldgefühle der Mutter, die beides unter einen Hut zu bringen versucht – halbtags zu arbeiten und halbtags Mutter zu sein – und dabei das Gefühl hat, dass beide Jobs darunter leiden; die Schuldgefühle der Mutter, die einfach nur von ihren Kindern wegkommen will, aber nicht glaubt, darauf ein Recht zu haben; die Schuldgefühle der Mutter, die sich aus dem Staub macht – und ihr Kind im Stich lässt; die Schuldgefühle der Mutter, deren Kind unglücklich wirkt oder Anzeichen einer psychischen Störung oder einer rein körperlichen Krankheit zeigt; die Gewissheit, dass man seinem Kind irgendwie einen dauerhaften Schaden zugefügt hat, ganz gleich, was man getan oder unterlassen hat«, schreibt Jane Swigart und fragt: »Woher kommen diese entsetzlichen, bedrückenden Schuldgefühle, und warum lasten sie so schwer auf den Schultern der Mütter? Wie viel davon ist begründet und sollte unbedingt wahrgenommen werden, weil es vielleicht als Ansporn dient, dass wir uns selbst genau betrachten und dadurch zu besseren Eltern werden? Ohne Schuldgefühle gäbe es vielleicht nichts, was uns dazu bewegen könnte, uns zu bessern und aus unseren Fehlern zu lernen. Aber das mütterliche mea culpa, mea culpa, mea maxima culpa ist mit Sicherheit übertrieben. Mütter neigen dazu, sich an allem die Schuld zu geben.«

Der größere Teil dieser Schuldgefühle entstammt Bereichen, auf die Mütter keinen Einfluss haben und wird von außen an sie herangetragen – das ist grausam und schadet den Müttern. Diese Lieferung fängt mit gehörigen Portionen Mythos, Ideal und sentimentaler Verklärung an, und hört mit realen Erschwernissen wie kleinen Wohnungen, flüchtigen Vätern, nachbarlichen Ressentiments, fehlenden Kindergartenplätzen, knappen Haushaltskassen und nicht zuletzt der Indienstnahme durch Schulen noch lange nicht auf. Doch das alles lädt man Müttern auf, damit niemand sonst Verantwortung für das Aufwachsen der nächsten Generation übernehmen muss. Der kleinere Teil dieser Schuldgefühle entsteht aus den negativen Gefühlen selbst, die Mütter empfinden, wenn Kinder beginnen, sich auf drastische Weise abzunabeln und gegen ihre Mütter durchzusetzen. Das tun sie alle und müssen es auch. Doch sie tun es nicht in wohlgesetzten, verständnisheischenden Worten oder mitfühlenden Gesten. Sie brüllen, strampeln, schreien, werfen mit Ausdrücken um sich und zerstören Gegenstände, die ihren Müttern lieb und wert sind. Niemandem sonst würden wir das durchgehen lassen, ohne Ersatz zu verlangen. Von niemandem sonst würden wir uns das gefallen lassen und augenblicklich den Kontakt abbrechen. Aber auch wir werden wütend oder wir fühlen uns im Innersten getroffen, wenn unsere Kinder wütend auf uns sind – schließlich haben wir doch alles gegeben, um sie großzuziehen und glücklich zu sehen. Allein die Wut, der Ärger und der Schmerz erscheinen uns völlig unangebracht und irgendwie falsch empfunden, als peinlicher Defekt eigener Mütterlichkeit, denn kein Mensch mit Herz und Verstand würde so viel Zorn gegen Kinder richten, die er innig und mit jeder Faser seiner Seele liebt.

Also reden wir besser nicht darüber. Notfalls droht der kollektive Zeigefinger, deutet auf die Rabenmutter und bringt damit alle anderen gleich mit zum Schweigen. Da soll man nicht sauer werden? »Wir versuchen, unsere aggressiven Gefühle und die unserer Kinder so zu beherrschen, dass wir uns nicht von ihnen bedroht fühlen. Und wir haben eine fürchterliche Angst, dass die Aggression der Mutter, die sorgfältig unter Schichten eines ererbten, vielleicht mythischen Altruismus verdeckt wird, schrecklicher sein könnte als irgendetwas, was je ein Mann empfunden hat, wenn sie auf die von uns Abhängigen und die uns Vertrauten losgelassen würde. So halten wir rigoros das unter Kontrolle, was beim Namen zu nennen wir uns in unserem persönlichen Leben fürchten«, beschreibt Angela Barron McBride die schlimmsten Nebenwirkungen der beruhigenden Liebfrauenmilch, die das Mutter-Ideal so reichlich ausschenkt: das Schweigegebot über die emotionalen Gegebenheiten mütterlicher Fürsorge bewirkt zuverlässig Ängste, Schuldgefühle und den bleischweren Eindruck, unzulänglich zu sein. Interesse an den Erfahrungen der selbstlosen Fürsorgerinnen keimt selten auf, so dass Mütter sich eher veranlasst sehen zu leugnen oder kleinzureden, wie sich ihre mannigfaltigen Pflichten auf sie selbst auswirken. Als wäre ausgerechnet denen, die sich um ihre Kinder kümmern, nicht erlaubt, offen darüber zu sprechen. Unser Widerstand ist immens hoch geworden, »wenn es darum geht, sich klarzumachen, welche Gefühle Menschen haben, die sich ständig um Kinder kümmern«, erklärt Jane Swigart. Betrachteten wir die enge Beziehung zwischen Mutter und Kind, neigten wir dazu, unsere Aufmerksamkeit vom Erwachsenen weg zum Kind schwenken zu lassen. »Je gründlicher wir das Kind betrachten, umso weiter rückt die verantwortliche Bezugsperson in den verschwommenen Hintergrund, wo sie groß, aber undeutlich als Madonna oder Hexe aufragt. Doch häufig rührt unser Versagen beim Aufziehen von Kindern daher, dass wir uns sträuben, den gemischten und oft widersprüchlichen Gefühlen, die wir unseren Kindern gegenüber empfinden, auf den Grund zu gehen.«

Dabei verschwinden Aggressionen und Frustrationen ja nicht, wenn man sie nur lange genug leugnet. Doch was man sich nicht vergegenwärtigt, wird zwangsläufig Gegenwart, diese Erkenntnis der Psychoanalyse hat längst Eingang in unser küchenpsychologisches Allgemeinwissen gefunden. Aggressionen ungebremst auszuleben, ist auch keine akzeptable Lösung, genauso wie das Unterdrücken und Verbergen – die Wut findet noch immer ihren Weg an die frische Luft. Wir haben gelernt, diese Gefühle von Zorn, Depression und Schuld in andere Kanäle umzuleiten, indem wir die Autotür auf dem Parkplatz des Supermarkts zuknallen, einen kleinen Ball mit dem Squashschläger an die Wand donnern oder aus dem Zimmer rennen, um ein unschuldiges Kopfkissen zu vermöbeln. Doch um sich zu beherrschen, muss man seine Gefühle erst mal kennen und benennen dürfen. Mütter haben viele Gründe, wütend oder deprimiert zu sein. Da liegt es nahe, von der Defensive in die Offensive überzugehen. Dann kann man nämlich, um das geliebte Kind zu verschonen und einen kümmerlichen Rest von Selbstachtung zu wahren, auch ein Ausweichziel ansteuern. Manchmal trifft das den von der Arbeit heimkehrenden Vater, dem man ein paar Wahrheiten über das Leben mit einem kleinen Kind um die Ohren haut, kaum dass er die Wohnungstür hinter sich zugezogen hat. Manchmal trifft es die andere Mutter, die irgendetwas tut, das man sich selbst gerade mühsam verkniffen hat. Aber keine Mutter kann es verhindern, sich selbst zum Problem zu werden – und wer Probleme hat, macht welche. Da »blicken Mütter auf andere Mütter, um Absolution für mütterliche Gefühle zu finden, die nach den dominanten kulturellen Vorstellungen von Mutterschaft inakzeptabel sind und die für die Mütter selbst sowohl schmerzhaft als auch unverzeihlich sind«, schreibt die amerikanische Psychologin Rozsika Parker. »Ich beziehe mich auf die flüchtigen (oder nicht so flüchtigen) Gefühle des Hasses für ihr Kind, die eine Mutter ergreifen können, den Moment des Zurückschreckens vor einem vielgeliebten Körper, den Drang zu verlassen, das unberührte Essen in das Gesicht eines Kleinkindes zu schleudern, am Arm eines Kindes beim Überqueren der Straße zu zerren, sein Gesicht mit dem Waschlappen hart zu schrubben, das Türschloss wegen eines Jugendlichen zu wechseln, oder die Phantasie, ein schreiendes Baby aus dem Fenster zu werfen.«

Da schließt sich ein teuflischer Kreis: in unseliger Verschränkung idealisiert unsere Gesellschaft Mütter und wertet sie gleichzeitig ab. Alle Sympathie gilt dem Kind, dabei hat die moderne Konzentration auf das Kind alles Interesse an der Mutter verdrängt – so gründlich, dass wir über uns selbst als verantwortliche Bezugsperson nur noch wenig wissen. Der beflissen hochgehaltene Muttermythos legt uns aber auch nahe zu glauben, dass ausschließlich Mütter, sei es liebevoll versorgend, sei es egoistisch versagend, dafür verantwortlich sind, was aus den Kindern wird. Es braucht ein ganzes Dorf, um ein Kind großzuziehen, so weiß man in anderen Weltgegenden durchaus noch. Nur wir scheinen in großem Maßstab verdrängt zu haben, dass es sich in Wahrheit um ein Gemeinschaftsunternehmen handelt, aus einem brüllenden kleinen Ayatollah einen anständigen, rücksichtsvollen und verantwortlichen Teenager werden zu lassen: »Aufteilung ist das Mittel nicht nur gegen die drohende Verkümmerung der Kindesliebe, sie ist das Antidot auch gegen jede andere Belastungsform im Leben mit einem Kleinkind«, schreibt Barbara Sichtermann. »Das Wichtigste ist, dass Männer ihre Zeit hergeben und ihr Herz entdecken für diese besondere Form gesellschaftlicher Arbeit. Solange die im Zusammenleben mit Kindern auftretenden Belastungen nur unter dem weiblichen Geschlecht neu verteilt werden, kommen wir nicht weiter.« Um der Mütter willen, die hinauswollen und -müssen, und um der Kinder willen, denen mit einer unzufriedenen Mutti daheim nicht mehr gedient ist, müssen wir Alternativen finden. Wir müssen es ja nicht so toll treiben wie die Damen unter den Seepferdchen, die stundenlang mit den Herren flirten, um dann, in einem wenig beobachteten Moment, dem in Liebe entflammten Männchen die Eier in die Bauchtasche zu legen, die er dann sorgsam ausbrütet, während die Dame längst ihrer Wege gezogen ist. Aber solange uns der Ersatz für die Großfamilie früherer Zeiten in Gestalt hervorragender Kinderbetreuungsmöglichkeiten fehlt, fehlt uns der nötige Rahmen, auch unsere Autonomie zu entwickeln – und auch unsere Wut, unseren Trotz und unsere versteckten Aggressionen auf anständige und sozialverträgliche Weise zu äußern, und nicht nur andere Mütter zu Blitzableitern zu machen. Das führt nämlich nur dazu, dass wir alles persönlich und uns sehr zu Herzen nehmen, einen gewaltigen Schuldkomplex entwickeln und uns im Dauerbombardement von Ansagen, Ansprüchen und Aufgaben der Kopf schwirrt, während wir schier zusammenbrechen. Wenn es da nicht den hilfreichen Mechanismus der Projektion gäbe, wäre das wahrscheinlich längst passiert.

3. Kapitel

Was ein Bewältigungsversuch im Kleinen im großen Weltgeschehen für Auswirkungen hat

Es ist ein bisschen wie im Straßenverkehr. Bin ich zu Fuß unterwegs, stören mich Radfahrer, weil sie mich mit ihrem Geklingel erschrecken, dann nerven mich Autofahrer, die ich grundsätzlich nur rücksichtslos und ignorant erlebe. Fahre ich mit dem Rad, verstellen mir unbeholfene, tumbe Fußgänger den Weg und überholen mich gemeingefährliche Autofahrer absichtlich bedrohlich nah. Fahre ich mit dem Auto, schimpfe ich über Radfahrer, die glauben, sie wären etwas Besseres und über alle Vorschriften der Straßenverkehrsordnung sowieso erhaben. Und über Fußgänger, die mir ohne Vorwarnung vors Auto laufen und zu wenig Phantasie haben, um sich vorzustellen, dass auf Straßen eben Autos fahren. Je nachdem, wie ich gerade unterwegs bin, stören mich die anderen, weil eigentlich nur ich alles richtig mache.

So zu denken ist unglaublich praktisch, denn es erlaubt mir, meine innere Anspannung, meine Angst vor einem Unfall, die Verpflichtung zu konzentrierter Umsicht und Rücksichtnahme auf andere zu projizieren, und zwar auf einigermaßen selbstwertschonende Art und Weise: Nicht dass ich zu schnell gefahren wäre, sondern der Radfahrer war zu langsam oder hat sich mutwillig im toten Winkel versteckt, als ich abbog. Nicht dass ich unaufmerksam gewesen wäre, sondern der Fußgänger hat einfach gepennt. Wenn es kracht, liegt das einfach immer daran, dass die anderen Idioten sind. Denn ich mache ja alles richtig. Deswegen sind auch – je nach Umfrage 70 bis 90 % aller Männer der felsenfesten Überzeugung, sie fahren besser als der Durchschnitt.

Ganz ähnlich springen Mütter mit anderen Müttern um: So wie ich es mache ist es richtig, befeuert als Credo noch jeden Disput darüber, wie man es denn jetzt am besten anstellt mit dem Schlafenlernen, den Trotzanfällen, dem Impfen, der Frühförderung, der Schulwahl, den Hausaufgaben, dem Geigenunterricht, der Rationierung von Fernsehen und Süßigkeiten, und und und. Und auch das: Bleibe ich zu Hause bei den Kindern und verzichte auf eigenes Einkommen, ernenne ich das Heimchen am Herd zur Stil-Ikone und rede schlecht über alle anderen, die es anders machen. Gehe ich ins Büro, verachte ich die Muttis am Herd und mache Witze über ihren begrenzten Horizont. Erziehe ich allein, verachte ich die Gattinnen mit Haushaltshilfe, Kindermädchen und Putzfrau. Und als Gattin bedaure ich ebenso falsch wie ausgiebig die Singlemutter.

Dabei eint uns doch mehr, als uns trennt: Wir sind alle unterwegs und haben eine kostbare Fracht geladen, wir wollen alle sicher ankommen. Der schrabbelige Kleinbus der Kinderreichen macht zwar optisch nicht viel her, doch die Stimmung im Fond ist prima. Ganz anders im schicken Zweisitzer auf der Überholspur, wo die symbiotische Mutter-Kind-Dyade schon gar keinen Platz für einen dritten Mitfahrer an Bord lässt und man eben wie beim englischen Hochadel unter sich bleibt, die Gewöhnlichen verachtet und allenfalls im Rückspiegel der lahmen Familienkutsche, einem normalen Mittelklassewagen mit Mama, Papa und zwei Kindern, einen sehnsüchtigen Blick schenkt. Auch wenn uns jetzt die Rostbeule der Restfamilie da vorne zum Bremsen zwingt, weil ein Tramper aufgelesen wird …

Wir haben alle den gleichen Grund, unsere Aufmerksamkeit dem Wetter, den Straßen, der unfallfreien Ankunft am Ziel zu widmen und nicht über die anderen Fahrer zu lästern. Auch wenn der Kleinbus eiert, die Familienkutsche die Spur blockiert und der teure Zweisitzer neidvolle Blicke auf sich zieht. Das Ziel eint uns, genau wie das Bedürfnis nach Harmonie an Bord auf dem Weg dorthin. Dazu brauchen wir Fairness, die Fähigkeit, Dinge aus dem Blickwinkel des anderen betrachten zu können, die Bereitschaft und das Werkzeug zur Pannenhilfe und gute, glatte Straßen. Die sind ja oft schon da, Dinge wie Bildung und Ausbildung, interessierte Väter, Berufsabschlüsse und Chancen auf Jobs, in denen man Geld verdienen kann. Krippenplätze, Kindergartenplätze, Ganztagsschulen und teilzeitbereite Väter fehlen noch vielerorts und lassen die glatte Fahrbahn schnell zur Holperstrecke werden. Wir könnten erkennen: Wenn wir uns überfordert fühlen, dann müssen wir es nicht noch perfekter machen, sondern selbstbewusst melden: Houston, wir haben ein Problem – und zwar die Struktur. Könnten wir die Situation ganz genau analysieren, würden wir auch die Frage nach den Strukturen stellen, um uns zu entlasten. Wenn wir ein geringes Selbstbewusstsein haben und uns zu wenig zutrauen, dann doch nicht deshalb, weil wir blöd sind, sondern weil wir zu wenig tun, um uns vor weiterer Entwertung und Überforderung zu schützen.

Konkurrenzmutterschaft ist nur der vorläufige Höhepunkt im Reigen der schlechten Lösungen. Doch es funktioniert allenthalben wie geschmiert: weniger prominent und alltagspraktisch bekannt als die Verdrängung, aber sehr effektiv sorgt das Phänomen der Projektion dafür, dass wir mit unseren Widersprüchen, im Moment jedenfalls, leben können. Beides zählt die klassische Psychoanalyse zu den Abwehrmechanismen, die als schnelle Eingreiftruppe auf den Plan treten, wenn psychohygienische Herausforderungen zu meistern sind. Ihr Zweck liegt darin, miteinander in Konflikt geratene Wünsche, streitende Triebe, unklare Motive oder übernommene Werthaltungen mental so zu lösen, dass die seelische Verfassung repariert wird und stabiler steht als vorher. Mehr oder weniger gut kann das jeder, denn der Vorgang erfolgt meistens unbewusst. »Projektion ist das Verfolgen eigener Wünsche im anderen«, lehrte Sigmund Freud, und für das Verfahren gibt es viele Beispiele: ein heftig verknallter Mann, der sich einen finalen Korb vom Objekt seiner Begierde einfängt und die betreffende Dame dann der sexuellen Belästigung beschuldigt; die unerkannt kleptomanisch gesinnte Hauswartsfrau, die jede Woche einen anderen Mieter des Einbruchsdiebstahls bezichtigt; eine träge, dauermüde Mutter, die sich mit hektischem Aktionismus tarnt und der anderen den täglichen Mittagsschlaf als Todsünde verübelt; aber auch der Neonazi, der sich von seinen eigenen vagen homosexuellen Irritationen entlastet, in dem er mit Gleichgesinnten zum Schwulenklatschen aufbricht, verschafft sich über den Weg der projektiven Identifizierung Erleichterung. Unbewusstes Denken ist gesellschaftlich wirksam, wenn auch durch die Umstände, in denen es auftaucht, vielfach gebrochen. Graduell zeigt der simple Zusammenhang zwischen Selbstablehnung, Projektion und manchmal fanatischer Verfolgung anderer viele Abstufungen – es ist durchaus verschieden schlimm, ob Mütter über andere Mütter lästern oder enttäuschte Heilserwartungen ganzer Gruppen in Fremdenhass umschlagen. Doch der Mechanismus ist prinzipiell derselbe: Verdrängte Eigenschaften, vor allem solche, die mit gesellschaftlichen Normen in Konflikt stehen oder für den Projizierenden selbst mit starker Scham verbunden sind, werden in einer Art psychischem Outsourcing auf andere Menschen übertragen, um sich selbstwertschonend von ihnen distanzieren zu können. Schuldgefühle können beträchtlichen Schaden anrichten, und wenn wir diesen Gedanken in unser psychologisches Allgemeinwissen aufnehmen würden, sähen wir den Einfluss unbewussten Denkens klarer.

Der Projektionsmechanismus ist der Transmissionsriemen, mit

dessen Hilfe sich innerseelisches Geschehen in mitmenschliches, gesellschaftliches übersetzt und umgekehrt. »Zivilisiertheit herrscht dort, wo man nicht das eigene Selbst zu einer Last für andere macht«, so hat Richard Sennett das Ziel umrissen, das einzelne Menschen genau wie die Gesellschaft als Ganzes ansteuern müssen: Es geht um die Fähigkeit mitzufühlen und für sich selbst Verantwortung zu übernehmen oder die Toleranz, einen Ambivalenzkonflikt auszuhalten, ohne negative Eigenanteile ebenso zwanghaft wie unbewusst auf andere projizieren zu müssen.

Nun bekriegen sich Mütter untereinander ja nicht wie einst Serben und Kroaten oder aktuell Israelis und Palästinenser. Sie sind nur nicht besonders gut aufeinander zu sprechen und meistens wenigstens so taktvoll, ihre schlechte Meinung nur hinter dem Rücken der anderen Mutter zu äußern. Aber ist die Strategie nicht dieselbe, wenn auch ganz anderen Inhalten geschuldet? Wir wollen niemanden vernichten, keine fremden Länder erobern oder uns Schätze anderer Leute unter den Nagel reißen. Wir behaupten noch ständig, gut miteinander auszukommen, während wir um den Pokal der besten Mutter rivalisieren. Es ist ja nur eine Idee, aber die Frage sei erlaubt: Könnte es sein, dass der ungeheure Druck aus der Kombination mystisch überhöhter Ansprüche, Alleinzuständigkeit und widrigen gesellschaftlichen Verhältnissen, der uns zumindest die Möglichkeit immer wieder versagt zu haben, nicht nur zur täglichen Gewissenserforschung zwingt, sondern uns auch etwas leichter damit leben lässt, wenn wir unsere eigenen Mängel und Defizite zuallererst den anderen Müttern zuschreiben und in ihnen erkennen und bekämpfen? Nur um ein bisschen Dampf abzulassen, versteht sich – und auch gar nicht sooo böse gemeint.

Immerhin ist die Kraft, die Vulkane ausbrechen lässt, dieselbe wie die, die im Kochtopf die Milch zum Überkochen bringt. Kein Schmerz sei so schwer erträglich wie der Schuld-schmerz, betont auch Herman Beland. Um ihn zu vermeiden setzen wir alle – einzeln oder kollektiv – die Abwehrmecha-nismen der Spaltung, der Verleugnung und der Projektion in Gang und nehmen dabei irrationale Wirklichkeitsverzerrungen genauso wie private und kollektive Destruktivität in Kauf. »Psychoanalytische Aggressionstheorien, die sich nur auf die aggressive Ausstattung von Neugeborenen beziehen, aber nicht die Kriege der Erwachsenen erklären können, sind ziemlich nutzlos«, spannt Herman Beland einen weiten Bogen über den Umstand, dass schon gefühlte Schuld beträchtlichen Schaden im Ganzen anrichtet. Mütter sind in unserer Gesellschaft die Verkörperung dessen, was alles schiefgehen kann – dieser im-mense Druck sucht sich von allein ein Ventil. Projektionen sind eines davon; sie können destruktive Gewalt auslösen oder ein-fach nur nerven, doch es gibt auch ein Gegengift: »Am wir-kungsvollsten geht man Projektionen an, indem man sie er-kennt«, sagt Herman Beland. Das bedeutet immer auch Ab-stand zu nehmen und nachzudenken; unpopuläre Haltungen in unserer Zeit vielleicht, wo alles nach schnellen Lösungen schreit. Und wenn man Projektionen erkannt hat und un-schädlich machen will, hilft eine kleine buddhistische Empfeh-lung. Man kann es sich einfach zur Gewohnheit machen, jedes Mal, wenn man etwas Verächtliches an anderen Müttern be-obachtet, etwas Böses über andere Mütter denkt oder etwas Gemeines über sie sagt, in Gedanken (Anfänger) oder laut (Fortgeschrittene) den Nachsatz dranzuhängen »und ein kleines bisschen bin ich genau wie sie«. Diese kleine gedankliche Übung befreit für den Moment, hilft der Selbsterkenntnis auf die Sprünge und ist gut fürs Karma. Denken wir uns selbst doch spaßeshalber immer ein Stück weit mit, wenn wir jeden

194

Tag aufs neue ins Mutterland aufbrechen und dort erleben, was Mütter über andere Mütter denken und sagen.

★

Ein paar besonders hervorstechende Exemplare möchte ich Ihnen hier gern vorstellen. Die Sammlung ist keineswegs vollständig, denn die Artenvielfalt unter Müttern kennt nach oben noch keine Grenze. Selbstverständlich gibt es viele prächtige, wundervolle Frauen und Mütter, die sich auch untereinander sonderbar verbunden fühlen. Wir haben alle in unseren Schwangerschaften das gleiche Wunder erleben dürfen, haben uns durch mehr oder weniger schwere Geburten gehechelt und hegen sehr ähnliche Hoffnungen, Bedürfnisse und Ängste, wenn es um unsere Kinder geht. Doch darüber hinaus sind Mütter sehr verschieden und dürfen das auch sein. In der Haar- und Augenfarbe, Schuhgröße, Kontostand, Gewohnheiten, Vorlieben und Abneigungen unterscheiden wir uns doch auch, warum nehmen wir das beim eigenen Stil von Mutterschaft, dem Grad der Mütterlichkeit, zu dem wir fähig sind, nicht genauso selbstverständlich hin? Die Frage, warum in aller Welt wir uns das Leben manchmal gegenseitig so schwer machen, kann man schließlich so oder so beantworten. Und es ist gar nicht so einfach zu entscheiden, ob manche Mütter einfach das Gefühl haben müssen, gebraucht zu werden, um sich wertvoll und wichtig zu fühlen, weswegen sie sich dann, sobald die Kinder aus dem Haus sind, einen Hund anschaffen, oder ob sie sich deshalb so bereitwillig zum Sklaven ihrer Kinder machen, um sich gegen das Gefühl von Einsamkeit oder Leere zu wappnen und sich deshalb, sobald die Kinder aus dem Haus sind, einen Hund anschaffen. Jeder Mensch hat irgendwelche guten Seiten, auch wenn es manchmal ein bisschen länger dauert, bis man sie findet und es ziemlich wenig Sinn ergibt, sich deswegen in die Haare zu kriegen. Deshalb betrachten wir jetzt erst einmal die schlechten; in manchen Beschreibungen werden Sie sich selbst wiedererkennen, in anderen ihre beste Freundin und ihre liebsten Feindinnen, in einigen mich.

Die Übereifrigen

Meist tragen sie den pflegeleichten Pagenkopf oder Bob, sind sportlich dezent gekleidet und nähern sich stets mit leicht gehetztem Blick. Mit Vorliebe verplanen sie jede freie Minute, treiben sich und ihr Kind gern zu Höchstleistungen in allen gängigen Sparten an und wirken dabei wie gestresste Manager, die ihren Konzern in kürzester Zeit börsentauglich machen müssen. Sie haben nur eines, und das muss richtig gut werden. Ihr Baby lallt unter logopädischer Aufsicht, Kuchenbasare und Trödelmärkte werden in Just-in-time-Produktion bestückt. Kinderturnen, Seepferdchen-Schwimmkurs und musikalische Früherziehung sind obligatorisch, der frühe Fremdsprachenerwerb (Kroatisch, Chinesisch, Hindu) ein Muss. Die Superdupermami ruft Bastelgruppen ins Leben und bereichert Kirchenkreise, organisiert die Hausaufgabenbetreuung in der Schule und hilft in der Schulküche aus. Darin ist sie unheimlich gut. Das alles muss auch keinen nennenswerten Spaß machen – diese Spezies absolviert alle gängigen Angebote, schmeißt nebenbei den Haushalt und hat ein Lieblingsthema, das sie typischerweise so eröffnet: »Ach, ich habe überhaupt gar keine Zeit, du ahnst ja nicht, was ich heute wieder für einen Stress an der

Backe habe.« Wer aber meint, sich dank des nachdrücklich geschilderten Zeitmangels um ein Gespräch drücken zu können, irrt fatal, denn nun folgt eine minutiöse Schilderung der Aktivitäten der letzten Woche und eine akkurate Vorschau auf die nächsten drei Tage. Nach diesem ermüdenden Monolog weiß man auch zu schätzen, wie mühsam sich diese bedauernswerte Person abends die Zeit für ihren Sport und die Lektüre fremdsprachiger Bücher erobern muss. Das ist wichtig! Man hätte sonst auf den wahnwitzigen Gedanken verfallen können, sie läge nach 21 Uhr träge auf dem Sofa, um lüstern die Männer der *Desperate Housewives* anzuschmachten. Und wie die Streberinnen aus der Schulzeit wetteifern diese Exemplare um … ja, um was denn eigentlich? Den Neid der anderen Mütter bei so viel umtriebigem Engagement, die bessere Performance des sensiblen, sportlichen, musikalischen Kindes, ein Lob vom zufriedenen Gatten, die Anerkennung der eigenen Mutter?

Sie können und wissen nicht nur alles – sie können und wissen vor allem alles besser und bauen damit für sich und andere Mütter einen enormen, völlig überflüssigen und überzogenen Leistungsdruck auf. Nur eines können sie überhaupt nicht: glücklich sein, und die Dinge laufen lassen, und einfach darauf vertrauen, dass sie sich gut entwickeln. »Aber da muss man doch …«, ist ihr Lieblingssatz, wenn man so unvorsichtig war zu erwähnen, dass das eigene Kind lispelt, ein bisschen mollig geworden ist oder die dritte Fünf in Serie nach Hause bringt.

Da hilft nur: Flucht! Kein noch so abweisendes Gesicht, kein demonstratives Vertiefen in den herumliegenden Flyer vom Pizzaservice, kein Walkman-Stöpsel im Ohr bietet ausreichenden Schutz, wenn sie sich auf der Zuschauerbank am Fußballplatz, vor der Glastür des Ballettsaals oder im Publikum vor dem Weihnachtschor neben einen setzt. Wenn es kein Entrinnen gibt, kann man sie manchmal noch ganz gut verwirren, indem man mit einem zufriedenen Grinsen über die eigenen Unzulänglichkeiten referiert und kleine Geschichten von misslungenen Backversuchen, vertrödelten Nachmittagen im Park, gescheiterten Erziehungsversuchen, einem Picknick am Fluss und heißem Sex mit wem auch immer berichtet.

Die jungen Wilden

Unverkrampft und sehr selbstsicher schreitet diese Fraktion der Mutterriege durchs Leben, bevölkert Cafés, Spielplätze und Stadtteilfeste. Blockiert mit Kinderwagen den Gehsteig, okkupiert den Radweg und den Eingang zur Bank, und hat für Kritiker, als die sich Kinderfeinde gerne tarnen, scharfe Zurechtweisungen parat: »Wir tun wenigstens was für die Rente.« Jung, unkompliziert und mit einer bemerkenswerten Leichtigkeit meistern sie scheinbar unbekümmert Schwangerschaft, Mutterschaft und Erziehungsarbeit. Vielleicht, weil die eigene Kindheit noch nicht soooo lange zurückliegt? Vielleicht, weil diese bewundernswert bauchfreien Wesen aber auch viel aus selbigem entscheiden und noch nicht ganz so kopflastig agieren? Oder begründet sich ihre positive Ausstrahlung darin, dass sie ihr bisheriges Leben einfach mit Kind und nicht rund ums Kind und schon gar nicht durchs Kind weiterleben? Selbstbewusst steuern sie sogar die Bars an, in denen das Single-Pack after work seine Happy-Hour-Cocktails schlürft, wickeln das Baby auf der Theke und herrschen die Umgebung an: »Ey, kannst du mal die Zigarette ausmachen. Der Kleine kriegt den ganzen Rauch ab!«

Einziger Nachteil ist der Neidfaktor, denn so viel bauchfreie Jugend und Energie lassen bei stutenbissigen Exemplaren schon mal negative Schwingungen aufkommen. Egal, diese Mädels haben Spaß, und das ist gut so!

Die Heldinnen am Herd

Auch sie sind oft erstaunlich jung, obwohl sie meist nicht so aussehen. Gleich nach der Schule oder der Lehre hat man den Klaus-Dieter geheiratet, ist stolz in die frisch renovierte Zwei-zimmerwohnung oder das Reihenhäuschen am Stadtrand gezogen und schon hatte man eine Existenzberechtigung. »Ich will es dem Klaus-Dieter schön machen!« Schließlich geht der ja richtig arbeiten und wird sogar dafür bezahlt. Dafür revanchiert man sich abends mit einer blankgeputzten Wohnung und einem leckeren Menü inklusive Feierabendbierchen. Samstags nach der Sportschau wird es dann frivol und nach nicht allzu langer Zeit stellt sich Nachwuchs ein. Die Susi mutiert zur Mutti und trägt fortan Leggings und Schlabbershirts – außer Haus manchmal auch eine gewagte Kombination aus prak-tischen, beigen Stretch-Jeans von Ulla Popken und einem adretten, gut gebügelten Blüschen. Das passiert aber höchstens mal zum Elternabend oder bei Familienfeiern – man kommt halt nicht viel raus. Der Tagesablauf besteht aus Muttisein, Put-zen, Einkaufen und Kochen.

Lieblingsbeschäftigung ist das Lästern über alle, bei denen man nicht vom Fußboden essen kann. Wer nicht täglich kocht, staubsaugt, wäscht und bügelt, oder gar trotz Ehe und Mutter-schaft berufstätig ist, wird schnell auf seine Defizite reduziert und als faule Schlampe oder Rabenmutter abgestempelt. Mit Rührlöffel oder Schneebesen bewaffnet reißen diese Mädels so ganz nebenbei die Arbeit von vielen Jahrzehnten ein. Trotzdem schaut manch ein Mann neidvoll auf die bekochenden und verwöhnenden Susis dieser Welt und fragt sich, warum er nicht auch so hofiert wird wie der Klaus-Dieter. Gut, die Gattin arbeitet als Hirnchirurgin, aber deshalb könnte sie sich doch trotzdem ruhig mal ein bisschen mehr Mühe im Haushalt geben, oder? Und wenn sie zu Hause bei den Kindern bliebe, würde man schließlich auch die Kosten für den sündhaft teuren Kindergarten und die Haushaltshilfe sparen. Das rechnet sich wirklich nicht, stresst nur unnötig und irgendwie findet man die Rita plötzlich gar nicht mehr so wirklich weiblich und schon gar nicht mütterlich … Kann böse ausgehen.

Unbenommen: Jeder soll tun, was ihm Freude bereitet und ihn oder sie glücklich macht, aber wenn Ehe, Mutterschaft und Haushalt als Schutzschild gegen innere Leere oder gar als Waffe gegen Rivalinnen benutzt und ein Lebensstil zum Dogma wird, sträubt sich das Nackenfell nicht nur bei Hardcore-Emanzen bedenklich.

Die Edelmamas

genießen ihr Leben. Manchmal erblickt unsereiner sie, wenn man kurz vor Feierabend oder in der Mittagspause durch die Fußgängerzone hetzt. Im Kostümchen sitzen sie gut frisiert und makellos geschminkt im Café, eine Hand lässig und doch ansatzweise natürlich auf dem (Mercedes unter den) Kinderwagen, in der anderen wahlweise eine Zigarette, den Schminkspiegel, einen Latte macchiato oder das unverzichtbare Handy, mit dessen Hilfe man sich mit anderen Edelmüttern verabredet und austauscht.

Noch nie hat man eine dieser Frauen beim Stillen oder Wickeln erwischt oder mit Babykotze am Revers gesehen – und fragt sich unweigerlich, ob die Kinder dieser Frauen überhaupt essen oder die Windeln voll machen, oder ob sie bereits ab der Geburt (in der Privatklinik von Wilhelm, man kennt sich) ebenso ätherische Wesen sind wie ihre makellosen Mütter in ihren makellosen Wohnungen, wo die Legosteine in Designerbehältnissen aufbewahrt werden und das Kinderbett aus geöltem Teakholz von einem befreundeten Künstler als Piratenschiff gestaltet wurde. Ikea-Kunden straft sie mit Verachtung, »da kann man doch nicht kaufen, alles von der Stange«, und steckt einem fürsorglich den Jako-o-Katalog zu, »schau mal hier rein, wenn es dich interessiert – nur hochwertige Produkte, die natürlich ihren Preis haben«, sagt sie und ihr Blick wandert über unser abgetragenes, verblichenes T-Shirt, »falls du dir das leisten kannst«.

Und wieder läuft der automatische, gnadenlos zwangsfrustierende Vergleich – einmal gestartet ist diese Programmierung kaum noch zu löschen. Vielleicht standen diese Frauen am Rande des Nervenzusammenbruchs, bevor sie das Haus verließen. Niemand weiß wirklich, wie viel Arbeit, Mühe und Selbstverleugnung hinter dieser Fassade stecken, aber genau dort liegt die Crux. Wenn Perfektion und Äußerlichkeiten zum Muss werden, können wir alle nur verlieren.

Die teure Privatklinik, Nobelklamotten und exquisite Ausstattung für Mama und Kind, extravagante Hobbys und Partys kosten nicht nur Zeit und Geld. Es ist oft einsam da oben an der Spitze, einsam und kalt. Die Fassade hat ihren Preis, und den zahlen auch die Mütter, die sich nach abgeschlossener Familiengründungsphase unter das Chirurgenmesser legen, um wieder wie neu zu erstrahlen, die einsam im Traumhaus auf den Traummann warten, der seinem Traumjob nachgeht, und die nie wissen werden, wie schön es sein kann, am Sonntagmorgen ungeschminkt und verzottelt mit Mann und Kind im Ehebett zu kuscheln, statt auf dem Golfplatz zu punkten.

Die Birkis und Ökomamas

bevölkern mit Vorliebe Still- und Krabbelgruppen und vergessen beim Wickeln selten den Hinweis an Umstehende, wie süß doch der kleine Schniepel zwischen den Beinchen des kleinen Jonas sei. Sie stöbern gern in Second-Hand-Shops (aus der Ware sind die Farbstoffe nämlich schon rausgewaschen oder haben jemand anderen verseucht), breiten Picknickdecken in Parks aus und treffen sich auf Abenteuerspielplätzen, wo sie die Gründung von Einkaufskooperativen beim Ökobauern, selbstbestimmten Kinderläden und Waldorfschulen aushecken. Man erkennt sie sogar, ohne sich umzudrehen, weil sie zu ihren Kindern Sachen sagen wie: »Magst du mal nachspüren, Finn, ob du nicht wirklich noch ein Dinkelbrötchen willst?«

Da findet man die längst vergessen geglaubten Wallewallekleider wieder und auch versprengte lila Latzhosen. Raspelkurze hennarote Haare leuchten schon von weitem und erleichtern dem Nachwuchs das Auffinden der Mutter ungemein. In jüngster Zeit bekommen die Raspelfrisuren Konkurrenz von Filzlocken, die absichtlich oder als Nebenprodukt einer kammfreien Zeit entstanden sind. Auf Birkis und Think! schlurft es sich gemütlich durchs Leben, aber davon sollte man sich nicht täuschen lassen. Öko-Mamas können richtig böse werden, wenn man sein Kind nicht täglich mit selbstgebasteltem Grünkernbrei und pürierten Pastinaken verwöhnt, nicht mit Stoffwindeln wickelt oder es sogar schon vor der Einschulung abstillen möchte.

In keiner anderen Frauenfraktion ist die Verachtung für andersdenkende Mütter größer als hier. Kleidung, Ernährung, medizinische Versorgung – alles unterliegt strengsten Richtlinien, und Verstöße werden rigoros geahndet. Wollen Sie einmal richtig gefährlich leben? Dann gehen Sie in eine alternative Stillgruppe und erwähnen möglichst beiläufig, dass Sie gerade vom 3. Impftermin kommen.

Die Schamlose (steckt in uns allen)

Der nützlichste Nebeneffekt jeder Schwangerschaft ist das Verschwinden prüder Hemmungen, verzopfter Verklemmtheiten und spießbürgerlicher Peinlichkeitsgefühle. Kaum dass der Bauch sich rundet, verspürt sie unweigerlich den überwältigenden Drang, sich über die aufregenden Entwicklungen unterm XXXL-Pullover mit denen auszutauschen, die dasselbe hinter oder gerade vor sich haben. Erörtert mit Zufallsbekanntschaften Farbe und Form der Brustwarzen. Disputiert mit Wildfremden verschiedene Techniken der lockernden Dammmassage mit Weizenkeimöl. Überbietet und erschreckt andere Mütter bei der detaillierten Schilderung blutiger Unterleibsdramen und schleudert später am Kindergeburtstag beim Prosecco, der zum Abholen der Kinder gereicht wird, einer anderen Mutter, die schier unmenschliche Qualen beim Gebären ihres Kindes durchlitten zu haben schildert, triumphierend ins Gesicht: »Also ich hatte eine total entspannte, coole Geburt. Das liegt daran, dass ich in der Schwangerschaft fünfmal täglich masturbiert habe.«

Ihre äußerlich ästhetisch-erotische Genügsamkeit täuscht: Verschworen und wissend wie Stalingrad-Veteranen kommt sie unter Schicksalsgenossinnen noch jedes Mal ohne Umschweife zur Sache. Rund um den Geburtstermin werden Mütter unweigerlich furchtbar intim miteinander; doch sie schoss schon damals den Vogel ab mit erstaunlich offenen Berichten über ihre Membrane und Bedürfnisse, als wollte sie der ganzen Welt von der atemberaubenden Schamlosigkeit in der Entbindungsstation künden. Sobald am Wochenbett zwei weiße Kittel erschienen, schälte sie sich aus dem Klinikhemd, um über Plazenten, Hämorrhoiden und die Stiche und Stellen zu diskutieren, wo sie genäht wurde.

Als die glorreiche Zeit der Geburt und des Wochenbetts vorbei war, hörte das noch lange nicht auf. Im Kaufhaus, im Restaurant, im Zugabteil entblößte sie sich, schaute frech in die Runde und brachte andere Mütter, die verschämt mit einem Fläschchen hantierten, dazu, im Boden zu versinken. Sie genoss sichtlich die Blicke der Mitreisenden, wenn das Baby sich mit einem satten Rülpser von der Mutterbrust abwandte und den Umsitzenden ein breites, wissendes Grinsen schenkte. Sie denkt sich auch heute noch weiter nichts dabei, wenn sie auf dem Spielplatz die Mutter auf der Bank nebenan fragt: »Wie oft kommt er denn nachts?« und dabei versonnen auf deren schaukelnden zweijährigen Sohn und seinen Vater schaut, der ihm Anschwung gibt. Wir erschrecken kurz, erröten leicht und antworten wahrheitsgemäß und ohne mit der Wimper zu zucken: »Drei- oder viermal. Und deiner?«

kriegt erkennbar wenig auf die Reihe. Unter ihren Schränken, Betten und Regalen gründen die Wollmäuse ungestört große Populationen, die bald selbständig zum Jugendamt wandern. Auf ihrer Wäscheleine rempeln und boxen sich sogar die Kinder-T-Shirts gegenseitig mit ihren langen Ärmeln. Sie vergisst nicht nur den Elternabend, sondern kann sich auch an den Termin der Klassenreise nicht mehr erinnern und schreibt auf den Rückseiten der Mitteilungen der Lehrer Gedichte oder Einkaufszettel. Auch schleppt sie seit der letzten Geburt vor vielen Jahren immer noch viele überflüssige Pfunde auf den Hüften mit sich herum, aber das scheint ihr nichts auszumachen. Im Gegenteil, dass sie jetzt entweder abnehmen oder noch ein Kind kriegen muss, pflegt sie seit Jahren mit Überzeugung vorzutragen, wenn ihre Freundinnen auf dem Weg ins Fitnessstudio bei ihr vorbeischauen und in gespielter Unbefangenheit anregen, dass sie doch zur Probestunde einfach mal mitkommen könnte. Doch die Frühlingssonne scheint auch durch ihre blinden Fenster, und wenn der Besuch mit betontem Nachdruck angesichts des dreckigen Geschirrs, das sich in der Spüle stapelt, seine Mitarbeit anbietet und fragt, »Gibt es hier auch nur ein einziges sauberes Handtuch?«, zuckt sie lächelnd und hilflos mit den Schultern. Bei ihr turnen die Kinder in Gummistiefeln über das Sofa, haben dreckige Fingernägel und essen, wie sie wollen. Die Katze darf über den Frühstückstisch spazieren und bei den Kindern im Bett schlafen. Doch die Stimmung ist gut und zieht magisch ganze Kinderhorden an, die sich zu wahren Spaghetti-Orgien gern an ihrem Tisch einfinden – was sie regelmäßig als Ausrede dafür benutzt, wenn das Niveau noch tiefer sinkt als sonst. Auch von anderen Müttern wird sie gemocht, schon weil sie noch schlampiger ist als man selbst. Außerdem gibt's immer einen Kaffee, wenn man vorbeikommt, und sie hat stets ein offenes Ohr für die Malaisen ihrer Mitmütter. Sie lässt alles stehen und liegen, um geduldig den unerhörten Begebenheiten zu lauschen, die einem gerade das Leben so schwer machen. Aber sie reagiert auch immer eingeschnappt und ist persönlich beleidigt, wenn man nur unten klingelt, um sein Kind am Ende des Spielnachmittags runterzuzitieren, weil man schlicht nach der Arbeit auf dem Nachhauseweg noch einkaufen muss und keine Zeit hat, ihr stundenlang beim Kaffee einzusitzen. Das Kind findet's okay, aber die Gastmutter ist total beleidigt.

4. Kapitel

Zickenterror, Stutenbissigkeit und Kampfmutterschaft

Zu den wenigen sympathischen Verhaltensweisen, die Frauen an Männern beobachten können, zählt der Umstand, dass sie gelegentlich zusammenhalten – als Nationalmannschaft bei der Weltmeisterschaft, als Manager bei Siemens auf der Anklagebank und auch im freundschaftlich schulterklopfenden Schweigen des einen über Bordellbesuche, Alkoholexzesse und den Versicherungsbetrug des anderen. Natürlich machen sie dasselbe wie die Hirsche auf der Lichtung und schaufeln den Rivalen mit aller Kraft ins Abseits. Sie konkurrieren wie die Weltmeister und balgen sich um die besten Plätze an den Fleischtöpfen dieser Welt und werden sogar laut, wenn sie den Gegner offen attackieren, mit dem sie dann nach gehabtem Wettkampf ein schönes Bier trinken gehen. Doch im Allgemeinen stehen sie (wie ein Mann!) zusammen, wenn sie ein gemeinsames Ziel vor Augen haben, ein gemeinsames Anliegen durchsetzen wollen und eben ein gemeinsames Interesse sie eint. Frauen können so etwas nicht. Sie knüpfen Fäden und stricken Intrigen, aber sie ziehen nicht an einem Strang. Männer umso besser: Ist das Ziel erreicht, löst sich die solidarische Zweckgemeinschaft einfach auf und findet sich zwanglos zu neuen Formationen zusammen, um vereint und mit frischen Kräften auf das nächste Ziel loszugehen. Solcher Pragmatismus in Beziehungen ist Frauen fremd: Je weniger Streit, desto besser, finden sie und beteuern noch stets, wie gut sie miteinander auskommen. Unterschwellige Differenzen, schleichende Rivalitäten reifen nur selten zum offenen Kräftemessen, aber sie lösen sich auch nicht in Wohlgefallen auf, sondern suchen sich nur andere Wege. Männer fechten schon als Jungs ihre Position in der Gruppe lautstark und offensiv aus, sie ordnen ihre Beziehungen eher einem gemeinsamen Ziel unter. Mädchen und Frauen hingegen widmen der Beziehung an sich mehr Aufmerksamkeit und positionieren sich selbst nach dem Grad der Akzeptanz und Maß ihrer Zugehörigkeit. Ihre Konflikte sind immer hochemotional, werden furchtbar schnell persönlich und als veritable Verletzung gehandelt, die nicht so leicht aus dem Weg zu räumen ist. Im nimmermüden Bestreben, harmonische Zustände zu konservieren, zögern Frauen ausdauernd, Probleme offen auszusprechen, die faire Auseinandersetzung über verschiedene Ansichten und Rivalitäten mit offenem Visier auszutragen. Lieber wird intrigiert und unter dem Deckmäntelchen weiblicher Verbundenheit viel wohldosiertes Gift versprüht. Da wird mit harten Bandagen gekämpft und nach außen vertuscht. Vernichtende Blicke, gestreute Gerüchte oder demonstratives Schweigen gehören zu den bewährten Strategien, die das Bedürfnis nach Zugehörigkeit spiegeln und gleichzeitig den Grund für erbitterte und im Verborgenen stattfindende Gefechte abgeben. Umfangreiches Detailwissen von persönlichen, privaten und intimen Dingen, das Frauen durch ihre horizontale Kommunikation häufen, in der intime Bekenntnisse gegen heimliche Geständnisse wie Ware gegen Geld getauscht werden, lässt sich prima reinvestieren, um der Konkurrentin beispielsweise den sozialen Teppich unter den Füßen wegzuziehen, Territorium zu erobern und Einflusssphären zu sichern:

dass du mit der überhaupt noch redest ..., wenn du wüsstest, wie es bei der zu Hause zugeht ..., stell dir mal vor, die hat doch tatsächlich ..., wie die schon aussieht ..., hast du gesehen, wie die ihre Kinder rumlaufen lässt …, also mit dem Kerl, das könnte ich ja nie …, kein Wunder bei der Figur … −

so klingen die verbalen Versatzstücke des fraulich-traulichen Beziehungssprechs, der den schwesterlichen Schulterschluss sichern soll.

Wir gehören alle zusammen, lehrt der Glaubenssatz von der Gleichheit der Frauen. Solange Frauen auf derselben Ebene miteinander zu tun haben, gibt's Solidarität. Und wenn eine aus der Herde ausschert, gibt's Keile. Die Erwartungen der Gruppe gilt es nämlich zu erfüllen, aber nicht zu übertreffen. Frauen dürfen sich nämlich weder im Guten noch im Schlechten hervortun, so glauben Frauen, und erheben ihr eigenes zum guten Mittelmaß, schimpfen über Angeberinnen, Mannweiber, egoistische Luder und Schlampen.

Dabei ist das alles gar nicht böse gemeint! Es geht nämlich nur um Zugehörigkeit; Frauen orientieren sich traditionell an der Beziehungspflege. Die Angst davor, ausgeschlossen zu werden und allein, bindungslos und auf der Außenbahn durchs Leben zu irren, hält uns bei der Herde und die gewährt uns Schutz im Gegenzug. Das mag eine taugliche Strategie gewesen sein, als wir noch in Horden sammelnderweise das Überleben des Nachwuchses zu sichern hatten und das Patriarchat nicht mehr als ein Blitzen in Männeraugen und zudem noch Jahrtausende entfernt war. Angesichts der vielfältigen, widersprüchlichen bis unvereinbaren Aufgaben, die Frauen heute stemmen müssen, erscheint die Strategie so wenig zielführend wie ein Überholverbot im Formel-1-Rennen. Doch bis heute empfinden Frauen offene Konkurrenz als unnatürlich, ja, unweiblich und gestehen sich selbst und anderen Frauen wenig Übungsmöglichkeiten darin zu, nach Erfolg zu streben und sich im Konkurrenzkampf zu behaupten. Das ist natürlich glatt gelogen, denn unter den lieblächelnden Gleichheitsvergewisserungen wird gekämpft, was das Zeug hält. Dank der beflügelnden Kraft des Neides gerät das Dogma zum Dilemma: »Um wahrhaft weiblich zu sein, müssen Frauen konkurrieren, während sie es gleichzeitig nicht dürfen, da Konkurrenz ja etwas Unweibliches ist«, fasst Leora Tanenbaum die Misere zusammen. Natürlich vergleichen sich Frauen mit anderen Frauen, werden Frauen mit anderen Frauen verglichen, und zwar nicht nur im Klum'schen Modelschuppen, sondern bei jeder Gelegenheit, die Gott gibt. Und er gibt reichlich.

Aber mit den Ergebnissen wissen sie nicht recht wohin. Offen Rangfolgen zu bilden ist verboten, weil wir ja alle auf der gleichen Ebene stehen, und deshalb müssen sich auch beispielsweise die Supermodelanwärterinnen dauernd weinend in den Armen liegen und gegenseitig die Tränen wegwedeln, obwohl sie sich lieber beißen würden. Also rivalisiert man eben in Gedanken, verleugnet und unterdrückt den Neid, wo er seine grässliche Fratze erhebt. Männer finden es zwar auch nicht so toll, wenn einer besser ist, aber sie sind gewohnt, in Hierarchien zu denken, und nehmen das eher als sportlichen Schlagabtausch, was unter Frauen mit dem Etikett Zickenkrieg beklebt wird. Frauen konkurrieren traditionell um Männer und sehen es überhaupt nicht gern, wenn Rivalinnen vorpreschen. Aber sie polieren der Konkurrentin nicht die Fresse, sondern machen ihr eher dubiose Komplimente über ihre abgelaufenen Schuhe, die ihr von Jahr zu Jahr besser stünden.

Als »Ausdruck unglücklicher Selbstbehauptung« (Kierkegaard) finden wir in neidischer Rivalität ein Ventil für die Unvereinbarkeiten in einem Frauenleben. Und die nehmen stetig zu: Die Neigung, mit anderen Frauen wegen deren

Andersartigkeit zu konkurrieren, zeigt sich im subtilen Rivalisieren um das bessere Lebensmodell. Ob jüngere auf ältere Frauen treffen, alleinstehende auf Familienfrauen, Städterinnen auf Landfrauen, Kinderlose auf Mütter – immer dasselbe: Frauen werten andere Frauen ab, um sich selbst aufzuwerten. Und die moralische Verpflichtung zu Frauensolidarität, Girlpower und Müttergemeinschaftsgetue verbietet genau diesen Neid. Also, wohin damit?

Die Rivalität blüht auf, weil das weibliche Rollenbild unklar geworden und die gesellschaftliche Position debattiert wird. Die Leitvorstellung, dass eine gute Partie nur diejenige macht, die am schönsten und anpassungsfähigsten ist, reicht zur Orientierung nicht mehr aus, seit sich herumgesprochen hat, dass man sich auch selbst die gute Partie sein kann – und schon ertappen sich gutaussehende und gutverdienende Frauen, die nach einem langen Arbeitstag gegen Mitternacht die Badewanne schrubben, weil es sonst keiner tut, bei dem verstörenden Gedanken, vielleicht doch nicht schön und anschmiegsam genug gewesen zu sein, um sich einst den reichen Mann zu angeln, der ein leichtes Leben alimentiert hätte.

Andererseits gewährt die Gesellschaft ihren Frauen heute einen größeren Handlungsspielraum und multipliziert die Ansprüche an ein gelingendes Leben, das in den Augen der Konkurrenz Bestand hat. Deshalb müssen wir heute anschmiegsam, sexy und zielstrebig sein. Ambitioniert im Beruf stehen, aber nicht so doll. Engagiert in politischen Belangen, wenigstens informiert. Immer für die Kinder da sein, aber nicht überfürsorglich gluckenhaft. Die Familie versorgen, aber gesund und sparsam wirtschaften. Eine tolle Geliebte abgeben, phantasievoll, nicht zu passiv und sehr verführerisch. Gepflegt und schlank sein, jung bleiben, aber nicht auf Kosten der Mutterpflichten und ausschließlich zur Freude des Ehemanns. Einen großen Bekanntenkreis in Gestalt einer interessanten Mischung aus Paaren mit Kindern, Singles, Behinderten, Ausländern, Akademikern, Arbeitern, Schwulen und Lesben pflegen, weil die Kinder seelischen Ballaststoff brauchen und ihre Mütter dokumentieren müssen, dass ihr geistiger Horizont übers kleine Einmaleins, das sie täglich mit den Kindern üben, hinausreicht.

Der Groll über die zwiespältigen Ansprüche, denen sich Frauen gegenübergestellt sehen, richtet sich im Übrigen nicht gegen Männer, die medial verstärkt über die wahre Bestimmung der Frau schwafeln und andernorts immer noch unbeeindruckt und selbstgerecht Lebenschancen von Frauen verwalten, sondern gegen die Rivalin, die es scheinbar mühelos schafft, den Wettbewerb um das Höchstmaß an Weiblichkeit zu gewinnen. Gespannt und mit Argusaugen verfolgen Frauen jede Lebensäußerung anderer Frauen. Da genügt schon eine kleine persönliche Verunsicherung und Neidgefühle brechen sich Bahn. Da erscheint man beispielsweise morgens im Kinderladen mit Stöckelschuhen und im Kostümchen, weil man gleich einen beruflichen Termin wahrnehmen muss, und das wabernde Sweatshirt, in dem sich eine Mitmutter birgt, die gestern noch gesäuselt hat, dass sie bewundert, wie man das alles schafft, während sie das Einzeltöchterchen zum Spielnachmittag bei einem parkt, knurrt nach einem schnellen Blick, »mit Frauen, die so aussehen, rede ich erst gar nicht«.

Was hat sie, was ich nicht habe?, die Frage lodert noch in jedem weiblichen Blick auf weibliche Wesen: blitzschnell scannt die eine die Hüften der anderen und kalkuliert die Zahl der gejoggten Kilometer, berechnet den betriebenen Versorgungsaufwand am Konkurrenzkind mit der komplizierten Zöpfchenfrisur, bemisst den erbrachten Einsatz am Schminkspiegel – außer Konkurrenz, nur aus Spaß an der Freude, darf man heute in keinem Rennen mehr starten.

Unterm doppelten Joch von Harmoniedruck und drohender Zugehörigkeitsverweigerung scheuen Frauen Konfrontationen. Sie beneiden eher andere Frauen als Männer; anstatt den gefühlten Mangel wahrzunehmen und zu schauen, woher er kommt und wie ihm abzuhelfen sei, neiden wir heimlich und werten andere ab. Klopfen wir da nicht an der falschen Tür? Wir buchen doch auch keinen Tanzkurs, wenn wir Kickboxen lernen wollen.

Ist das genetisch bedingt und biologisch begründet – oder vielleicht doch anerzogen? Sind die Ursachen für das immerwährende Konkurrieren Neid, Eifersucht und Minderwertigkeitsgefühle oder tatsächlich simple hormonelle Schwankungen? Was eine Frau darf und was nicht, lernen Mädchen schon früh. Vor allem nett muss es sein, und das heißt: nicht aggressiv, nicht wütend, nicht kämpferisch. Klar, Mädchen sind auch mal wütend, doch damit die nette Fassade nicht brüchig wird, verlegen Mädchen sich auf Spielarten indirekter Aggression. Von klein auf werden Frauen verglichen, müssen sich mit Schwestern, Freundinnen und Klassenkameradinnen messen und dabei möglichst nett erscheinen. Später kommt der Wettbewerb auf dem Heiratsmarkt hinzu, und nicht selten werden diese Konkurrenzkämpfe von anderen Frauen inszeniert und angestachelt. Da ist die Mutter, die Schwestern gegeneinander ausspielt, indem sie ihrer Tochter die guten Zensuren der Schwester unter die Nase reibt, während sie die andere mit dem blendenden Aussehen der Schwester rasend eifersüchtig macht. In der Schule wetteifert man um einen Platz in der angesagten Clique, auf der Bestenliste im Leistungswettbewerb und später um die Pole Position auf der Beliebtheitsskala der begehrtesten Jungs.

Stillsitzen können, anderen den Vortritt lassen, nicht streiten, hilfsbereit sein und sich nicht hervortun, das verinnerlichen Mädchen schon früh und übersetzen das als Erwartung an sich, dass sie alle Schwierigkeiten im Guten lösen müssen, eben ohne mit den Kontrahentinnen zusammenzurasseln. Einlenken und zurückstecken können, das ist ja auch gar nicht so verkehrt. Schließlich braucht ein friedliches Zusammenleben diese Fähigkeiten. Doch warum nur von Mädchen? Sie müssen genauso lernen, sich durchzusetzen und brauchen Ermutigung und selbstbewusste Vorbilder. Würden Mädchen bereits in der Familie, im Kindergarten oder in der Schule dabei unterstützt oder wenigstens nicht daran gehindert, ihre Wut wahrzunehmen und sich im Kräftemessen zu erproben, könnten sie erfahren, dass Verantwortung für andere und Selbstbehauptung ebenso zusammengehören wie Harmonie und Konflikte. Und wären als Frauen eher geneigt, sich darüber klar zu werden, wer sie eigentlich sind und was sie wollen.

Da sich ständig Äpfel mit Birnen, Blondinen mit Brünetten und introvertierte Seelchen mit Femmes fatales messen müssen, ist das Ergebnis absehbar. Auf dem Weg zur eierlegenden Wollmilchsau kommen Spaß, Lebensfreude, Individualität und Persönlichkeit schnell abhanden, und am Ende schweben dicke, schwarze Frustwolken als ständiger Begleiter über den geplagten Köpfen und Seelen. Statt sich aber dem Wettbewerbsrummel durch ein beherztes NEIN und einen rigorosen Ausstieg zu entziehen, legen viele Frauen gern noch ein paar Briketts nach, feuern sich gegenseitig mächtig an und machen sich das Leben schwer. Vom eigenen Geschlecht verraten und attackiert zu werden schmerzt doppelt, denn insgeheim hofft man hier auf Solidarität und Verständnis.

»Das gemeinste Beispiel kam mir persönlich gerade dort unter, wo wir Frauen am verletzlichsten und hilfsbedürftigsten sind – auf der Entbindungsstation!«, erzählt mir eine Freundin. »Im Abstand von nicht einmal zwei Stunden waren eine andere Frau und ich hochschwanger und mit schweren Blutungen eingeliefert worden und bekamen beide einen Notkaiserschnitt. Ich verfüge über eine sehr hohe Schmerzgrenze, gepaart mit einem großen Fluchttrieb, und so konnte ich mich sehr schnell wieder bewegen. Genau das sollte ich auf Wunsch einer vergnatzten Krankenschwester der anderen frischgebackenen Mutter vorführen. Sie hatte große Schmerzen, konnte nicht aufstehen und jammerte sehr. Die Schwester konnte gar nicht verstehen, warum ich mich von ihr nicht dazu missbrauchen ließ, einer anderen jungen Mutter das Leben noch schwerer zu machen, als es ohnehin gerade war.«

5. Kapitel
Frontlinien im Grabenkampf

Mit dem Kind wird die Mutter geboren: wenn aus Frauen Mütter werden, ist das ein unumkehrbarer Vorgang. Den Titel wird man nie wieder los, will man ja auch nicht wirklich, aber die Bezeichnung durchzieht fortan alle Bereiche des Lebens. Dabei bezeichnet der Begriff »Mutter« doch eigentlich nur die Beziehung zwischen einer Frau und ihrem Kind. Nur für das Kind ist die Frau fortan Mutter. Für alle anderen müsste sie doch das bleiben, was sie schon immer war: eine Frau eben. Ist aber nicht so. Schwestern, Tanten, Kolleginnen, Freundinnen – sie alle dürfen neben dieser Rolle andere ausfüllen und gerne auch Frau bleiben. Mütter hingegen bleiben auf die Tatsache, sich fortgepflanzt zu haben, reduziert, und alle anderen dürfen künftig mütterliche Anforderungsprofile beschreiben, anmahnen, einklagen, sentimentalisieren und vor den eigenen Karren spannen. Wenn die Möglichkeiten einer Frau auf die Pflichten einer Mutter zusammenschnurren, darf jeder – außer der Mutter selbst – mitreden, denn jeder kennt schließlich eine aus persönlichem Augenschein und hat sich so seine privaten Gedanken darüber gemacht, wo sie danebengelangt und wo sie ein glückliches Händchen gehabt hat, und je nachdem, wie die Musterung der eigenen Kindheit ausgeht, darf er sich seine ideale Mutter entwerfen. Und die Mutter unter Müttern darf das auch: Mütter, die sich anders verhalten, sind schlechte Mütter – aus der Art geschlagen, krank oder verrückt. Mütter, die ihre Kinder nicht rund um die Uhr betütteln wollen, lieben sie eben nicht genug und sind Rabenmütter. Mütter, die von allem, was sie für ihre Kinder tun, manches nicht gerne tun, sind keine richtigen Mütter. Und so übersetzen wir den allumfassenden Muttermythos in private Kampfansagen und übersehen dabei das Wesentliche: »Um die Frauen zur Gratisarbeit zu bringen, kann man ihnen nicht die Schönheit und Mystik zum Beispiel des Geschirrspülens preisen oder des Wäschewaschens. Also predigt man ihnen die Schönheit der Mutterschaft«, schrieb Simone de Beauvoir. Aber die hatte ja auch keine Kinder, möchte man einwenden und betonen, dass eine gute Mutter sich freut, wenn sie's mit jemandem zu tun kriegt, der alleine nicht mehr klarkommt, dem sie helfen kann. Dass Mütter eben nachgeben, um des lieben Friedens willen, egal, ob andere das als Unterwerfung auslegen. Dass Mütter Gemeinheiten ertragen, weil sie wissen, dass es nicht so gemeint war und es dem anderen halt grad nicht so gutgeht. Egal, ob Kind oder Mann oder Gesellschaft – alle erwarten von der Frau, seit sie Mutter geworden ist, dass sie sich so verhält, wie man es von einer anständigen Mutter erwarten kann: Selbstlos. Aufopfernd. Anwesend. Zugewandt. Bemutternd.

»Abgesehen von der Frauenrolle hat sich in den letzten Jahrzehnten bezüglich der Mutterrolle nicht viel verändert. Unterm Strich sind zur früheren, klar definierten Rolle der Haushaltsversorgung und Kindererziehung einfach nur noch ein paar andere Anforderungen hinzugekommen, die zum Teil sogar im Widerstreit liegen«, resümieren die Autorinnen Anke Kuckuck und Clara Luckmann.

Mit dem Mutterwerden scheint die Rollenanpassung vollzogen, und die Konkurrenz aus Kinder- und Jugendjahren wird nach einer Zeit der Kooperation im Beruf, in der Beziehungssupervision und in der Wohngemeinschaft reanimiert. Wie eine Vireninfektion auf bakterielle Infekte, wie eine Candida-Geschichte auf ein gestörtes Scheidenklima setzt sich die ganz normale Rivalität unter Frauen auf das Leben als Mutter. Der Schläfer wird aktiviert, der Terror kann losgehen, die Methoden sind bekannt. Genau da liegt der diagnostische Wert des Zickenkrieges, der Stutenbissigkeit und der Kampfmutterschaft unserer Tage: Keine Mutter kann es umgehen, sich selbst zum Problem zu werden – und wer Probleme hat, macht welche: Mütter haben viele gute Gründe, zornig, frustriert oder neidisch zu werden. Und Angriff ist noch immer die beste Verteidigung. Fast alle Mütter fühlen sich unter der Diktatur des herrschenden Mütterideals unzulänglich, mangelhaft und defizitär; sie versuchen, als Supermutti zu posen, um das zu kompensieren. Sie möchten andere Mütter ausstechen, und verwahren sich gegen diesen Wunsch, indem sie sich superlieb, oberbesorgt, megapassiv, krass geduldig und hypersolidarisch verhalten. Dabei sind sie voller Missmut mit dem Kind allein unterwegs, dem Mann gegenüber und von den gesellschaftlichen Verhältnissen an die Wand gedrückt und können vor Groll über so viele verpasste Gelegenheiten, ein ganzer Mensch zu werden, kaum an sich halten. Klammern sich an ihre Mutter-Bedeutung »wie Nichtschwimmer im Tiefen an den Beckenrand« (Dorothea Dieckmann). Und konkurrieren über die ordnungsgemäße Mitführung von Feuchttüchern, Wundpflastern, Apfelschnitzchen, Trostbonbons und Trinkflaschen am Rand der Buddelkiste, wetteifern in der sachgerechten Behandlung von Hochbegabung, Hyperaktivität und hypoallergenen Nahrungsmittelzusatzstoffen und quittieren vermeintliche klitzekleine Kompetenzvorsprünge der Mitbewerberinnen mit neidischer Bewunderung und aufatmendem Widerwillen, wenn sich herausstellt, dass die andere Mutti über die Gefahren des Impfens, den Schaden unterlassener Förderung noch so kleinen Talents oder der neuesten wissenschaftlichen

Erkenntnis über den Zeckenbiss nicht orientiert ist. All das Gequatsche über pädagogisch wertvolles Spielzeug, abzumessende Fernsehzeiten, gesundes Essen, geregelte Schlafenszeiten, Hausaufgabendauer und Notenergebnis, das Austauschen von Kochrezepten und Erziehungstipps dient nicht der Sache, sondern dem kleinteiligen Kalibrieren des eigenen beseelten Aufwands im Vergleich mit dem der anderen und erfüllt letztendlich die Aufgabe, einander die Muttermentalität verbindlich zu oktroyieren. Das Konkurrenzprinzip hat sich in der Wirtschaft bewährt und beweist sich jetzt einmal mehr als Motor mitmütterlicher Rivalität, gut getarnt im Solidarpakt der Wirmütterschaft. Konkurrenz belebt das Geschäft – gebongt, aber, meine Damen, wir befinden uns längst in einem ruinösen Preiskampf, der dem Kind (sprich: dem Produkt) abträglich ist und nur den Kunden von so viel überspannter Mütterlichkeit (sprich: den mächtigeren Männern) zugute kommt, während die Produzenten (wir) sich ruinieren. So lange wie Frauen sich gegenseitig hauen, kriegen Männer keine blauen Flecke und sehen auch als Politiker, Posteninhaber und Bestimmer keine Veranlassung, nur einen Millimeter breit zu weichen und unserer Einladung, die Hälfte des Familienhimmels zu teilen, irgendwie zu folgen. Warum auch sollten sie als mittelmäßig begabte Exemplare exzellenteren weiblichen Ausgaben, die in Reihenhäusern geparkt und durch Kinderbetreuung gehindert sich gegenseitig runtermachen, die Sessel räumen? Die Konkurrenz unter Frauen um den Pokal der besten Mutter entlarvt sich zuverlässig als noch subtilere Unterdrückungsmethode als die offene, patriarchalisch motivierte Verweigerung bestimmter Möglichkeiten der Selbstverwirklichung. Sie steigert die Ansprüche an Mütter (und ihre perfekten Kinder) ins Unermessliche, ohne allerdings das kleinste bisschen an Zuspruch zu gewähren. Und in der merkwürdigen Komplizenschaft der Frauen mit ihrer eigenen Unterjochung scheint eine besonders prekäre Spielart des Stockholm-Syndroms auf. Wir bekennen uns eher zu den Anliegen des Geiselnehmers und hacken anderen Geiseln die Augen aus, als dass wir gemeinsam den Kidnapper überlisten und in die Flucht schlagen, das Weite, das Offene suchen und so realistisch sind, das Mögliche zu fordern.

6. Kapitel
Begradigungsversuche:
Seid fruchtbar und wehret euch!

Frauen treten gegen Frauen an. Es ist ein unerfreuliches Gerangel, nicht nur auf dem Büchermarkt, weshalb es der Aufmerksamkeit empfohlen werden muss. Es bricht auf gemeinste Weise selbst zwischen Freundinnen aus«, schreibt Susanne Mayer in der *ZEIT* und bringt mit der Frage »Wer steht wo?« die Misere auf den Punkt. Wenn es darum gehe, Müttern Vorhaltungen zu machen, Frauen mit Kindern abzukanzeln, als seien sie selber Kinder, sei die Wahl der Argumente selten pingelig. Übrigens auf allen Seiten. In ihrer kritischen Würdigung des Buches von Barbara Vinken, die unter dem Titel *Die deutsche Mutter. Der lange Schatten eines Mythos* die hierzulande praktizierte Mütterlichkeit der letzten 500 Jahre einer gründlichen Musterung unterwirft, findet sich alles, was in eine Rezension hineingehört: Spuren genauester Lektüre scheinen in erörternden, geschliffenen Worten auf. Für und Wider wird gewogen, manches für zu leicht befunden und anderes für übertrieben gehalten. Und man darf ja durchaus daran zweifeln, ob Mütter, die dem Führer Kinder geschenkt haben, in einen Topf gehören mit Müttern, die nie aus der jeweils herrschenden Mütterideologie herausgefunden haben. Doch jenseits aller sachlich fundierten Auseinandersetzung mit diesem und jenem Gedanken erklimmen die Sätze offenbar schon von ganz allein höhere Tonlagen, wenn es um Mütter geht. Barbara Vinken, Romanistikprofessorin und Mutter eines Kindes, votiert für die volle Berufstätigkeit von Frauen und führt zahlreiche gute Argumente dafür an. Susanne Mayer zerpflückt sie alle mit genauso guten Gegenargumenten. Das ist erlaubt und meistens ein Genuss zu lesen. Doch reicht das nicht? Muss Susanne Mayer uns die Autorin auch noch so vorführen: »Eine Frau mit zartem Pelzbesatz ums Dekolleté. Die Haare hochgesteckt, die Perlenkette doppelt. Sie lacht, sie wirft den Kopf nach hinten, sie beugt sich lächelnd vor, sie redet französisch, mitten in Hamburg! Oh, lá, lá! Sie ist eine Verführerin. Und lockt wie die Einpeitscher der Unternehmen in die Welt der steilen Karriere, wo Hingabe immer total ist.«

Und da ist er wieder, der urweibliche Vorbehalt im Beziehungssprech – »wie die schon aussieht ...« Als ob sachliche Erörterungen eines strittigen Themas nicht ausreichten und, bitte auch einmal ohne scheelen Blick auf die Gegnerin, ihre Frisur, ihre Kleidung, ihren Schmuck und ihre Art zu sprechen, Argumente auf ihre Stichhaltigkeit hin überprüft werden dürften. Wenn das immer noch so wichtig ist, wie eine aussieht, die etwas sagt, kommen wir nämlich in der Sache nicht weiter. Das nervt – und lenkt vom eigentlichen Kern der Sache ab. Es gibt doch Gehaltvolleres zu klären, als Barbara Vinken die Perlenkette, Eva Herman die blonden Haare und der Familienministerin die Karriere trotz der sieben Kinder vorzuwerfen und sie, wie die kinderlose Grünen-Politikerin Renate Künast, als »Supermutti« mit Häme zu übergießen oder wie SPD-Präsidiumsmitglied Andrea Nahles, ebenfalls kinderlos, zu keifen: »Es ist doch verlogen, als Großbürgerin mit viel Personal die Supermutti zu geben und so zu tun, als gäbe es kein Problem.« Tut sie doch gar nicht, im Gegenteil, sie arbeitet laut und vernehmlich an einer Lösung des Problems, das immer noch darin besteht, dass Frauen in Schwierigkeiten geraten, wenn sie Mutter und berufstätig sein wollen. Doch darum geht es offenbar gar nicht, sondern einzig und allein darum, andere Frauen abzuwerten, um sich selbst aufzuwerten – wie gehabt.

Wie der Zeigestock, der zwei Enden hat und genauso auf das Objekt wie auf den, der ihn hält verweist, sind die Klischees, die im Kampfgetöse und Konkurrenzgetümmel bemüht werden, doppelt aufschlussreich. Stereotypen, die im Zusammenhang mit dem Reden über Mütter auftauchen, sind immer noch so seltsam mit dem hergebrachten Mutterideal verzahnt, dass man misstrauisch fragen muss, worüber hier eigentlich gestritten wird.

Im Nebeneinander von Mutterklischees und Abgründen hat die Verunsicherung auf allen Seiten zugenommen und das hat durchaus sein Gutes, denn es kommt spürbar Bewegung in die Sache. Während vor ein paar Jahren viele Mütter schon ein schlechtes Gewissen hatten, wenn sie auch nur zaghaft erwogen, ihr Kind in der Kita unterzubringen, liefern sich die konservativen Kräfte heute Wortgefechte über den Ausbau der Kindergartenplätze, finanzielles Entgegenkommen des Staates im Falle sichtbaren Bemühens von Müttern und Vätern, die Familienarbeit wie die Berufsarbeit zu teilen. Und wahrscheinlich gibt es sogar in der CDU niemanden mehr, der ernsthaft und öffentlich bestreiten würde, dass die Kita eine gute Lösung für ein Kind sein könnte. Ausgerechnet der schwarze Block entdeckt die gut ausgebildeten jungen Frauen als Ressource für den Arbeitsmarkt und diskutiert über die nötigen Rahmenbedingungen, unter denen sich dieses Potenzial entfalten ließe. Der ketzerischen Idee, dass sich Kinderbetreuung anders als im Kleinfamilienzusammenhang mit der traditionellen Arbeitsteilung organisieren ließe, sind unerschrockene Konservative schon ganz schön nah gekommen, während grüne und rote Politikerinnen über prominente Fälle geifern, in denen das offensichtlich gelungen ist. Der Journalist Dirk Knipphals deutet das Geschehen so: »Mutterschaft wird auf breiter Front umgewertet und anders ausbuchstabiert, als es viele Generationen lang in diesem Land üblich war.« Schön wär's ja. Besonders wenn sich hin und wieder eine Prise Humor, selbstkritischer Abstand in die Debatte einschlichen.

Auch wenn es vorerst noch nicht so weit ist – deshalb sind wir mittendrin im Streit. Allgemeine Verunsicherung durch aufbrechende Konkurrenzen begleitet anscheinend diesen Umbruch, durchziehen wie Frontlinien alte Allianzen und bringen hoffentlich die Verhältnisse zum Tanzen. So viel Gutes ließe sich auch dem verschärften Konkurrenzkampf zwischen Müttern und Kinderlosen, berufstätigen und haushaltenden Frauen, Einzelkindmüttern und kinderreichen Exemplaren, Großmüttern und Müttern, Müttern und Erzieherinnen, Jungsmüttern und Mädchenmüttern, und auch um das Wetteifern von Müttern und Vätern in der Elternrolle über den Fensterplatz im Kinderherzen abgewinnen. Auf beiden Großbaustellen des Lebens, der Familie und dem Beruf, »ist die erste Reaktion auf bedrohliche Konkurrenz die Herstellung einer Hierarchie«, beschreibt Herrad Schenk die Begleiterscheinung des Geschlechtsrollenwandels, in dem nicht nur eine »gewisse Bequemlichkeit auf Seiten der Männer, sondern auch das Gefühl bedrohter Identität auf Seiten der Frauen verantwortlich wäre für das schleppende Veränderungstempo in Sachen geschlechtsspezifischer Arbeitsteilung«. Schöner Gedanke. Wir arbeiten dran.

Nachwort

Es ist schon ein paar Jahre her, da stand ich mit meinen vier Kindern am Straßenrand und wartete auf eine ausreichend große Lücke im vorbeirasenden Blech, um acht kleine Beine unbeschadet auf die andere Straßenseite zu befördern. So etwas dauert. Neben mir steht eine Dame und wartet ebenfalls. Sie hält drei Yorkshireterrier an der Leine, einem jeden der drei Hündchen ist mit farblich abgestimmter Haarspange die lange Ponyfranse aus dem Gesicht gehalten. Zugegeben, meine Kinder waren nicht so gekonnt frisiert. Ihr Blick wandert langsam zu mir, dann von einem Kind zum anderen und wieder zu mir zurück. Es zuckt kurz um ihren exakt geschminkten Mund, gleich wird sie etwas sagen, meine Kinderschar betreffend. Was, das weiß ich jetzt schon genau. Denn man fällt unweigerlich auf, wenn man mit vier Kindern unterwegs ist. Daran könnte ich mich sogar noch halbwegs gewöhnen. Aber warum, zum Teufel, fühlt sich eigentlich noch jeder bei diesem Anblick genötigt, die Erscheinung zu kommentieren?

Die Reaktionen der letzten siebzehn Jahre decken die ganze Palette des grassierenden Unsinns übers Kinderhaben ab. »Ham se auch noch'n anderes Hobby?«, knurrte der Taxifahrer, während ich ihn zu überreden versuche, vier Kinder, vier kleine Rucksäcke, vier Kuscheltiere, eine große Reisetasche, mich und ein veritables Stullenpaket gemeinsam zum Bahnhof zu transportieren. »Oha!«, dann eine Pause, ein fassungsloses »Was! Vier!« sind noch das mindeste, das ich zu hören kriege, wenn ich sagen soll, dass und wie viele Kinder ich habe. »Ach herrje!« kommt häufig vor, auch »Hut ab!«, oder plump vertraulich

»Da hat ja wohl jemand den Hals nicht vollkriegen können!«, waren auch dabei.

Aus irgendwelchen Gründen unterstellt man offenbar gerne eine gewisse triebhafte Zügellosigkeit, wenn sich jemand mehr als eine Mutterfreude gönnt. Einmal geschah es sogar, dass mir eine Zufallsbekanntschaft vom Spielplatz im Supermarkt einen hochnotpeinlichen Kurzvortrag über den Gebrauch moderner Verhütungsmittel hielt, besorgt erkundete, ob ich überhaupt darüber orientiert bin, was es da heute so alles gibt. Um dann ihr eines süß ausstaffiertes Kind an der Hand zu nehmen und von dannen zu ziehen. Ich blieb mit hochrotem Kopf vor dem Käseregal stehen, in tiefster Verlegenheit, verwirrt, beschämt und irgendwie schuldbewusst. Ja, was hatte ich mir eigentlich dabei gedacht, nun auch noch das vierte Baby nicht einfach weggeschickt zu haben? Meine naive Idee von der Familie als einer Art improvisierter Party, zu der jeder willkommen ist, der an der Tür anklopft, ist ja wirklich nicht mehr zeitgemäß. »Sechs sind geladen, zwölf sind gekommen. Gieß' Wasser zur Suppe, heiß' alle willkommen«, so stand es gestickt auf dem Leinen, das meine Oma vor ihre Geschirrtücher gehängt hat. Als heimliches Motto fürs Familienleben schien mir das ganz passabel. Weit gefehlt – nicht nur ich, sondern auch meine Kinder erfahren durch achtlose Bemerkungen immer wieder, dass zu viele von ihnen nicht gut sind – »es ist bestimmt nicht einfach für dich, dass du immer alles mit deinen Geschwistern teilen musst« oder »du musst deiner Mami bestimmt viel helfen«.

»Mama, bin ich eigentlich geplant?«, fragte vor ein paar Tagen mein Jüngster und zuppelt an meinem Pullover – sein spezielles Signal für ganz dringende Fragen, die man nicht mal im Traum mit »Später, Schätzchen, ich kann gerade nicht« auf einen günstigeren Zeitpunkt umlenken darf. »Du bist gewünscht und dringend herbeigesehnt«, beschied ich ihn, und weil ich gerade in vielen Töpfen gleichzeitig zu rühren hatte, setzte ich noch ein herzlich-finales »und das muss reichen!« dazu. »Also doch nicht geplant«, stellte er finster fest. »Warum hast du mich nicht geplant?« Ich habe tief Luft geholt und ihn gefragt, warum er das fragt. Da sagt er, dass Lukas aus seiner Klasse gesagt hat, dass er geplant ist und dass es verrückt ist, mehr als ein Kind zu planen, weil man das dann nicht bezahlen kann. Ha! Ausgerechnet Lukas. Cooler Besitzer des coolsten Fahrrads, des neuesten Handys, der meisten Computerspiele, des üppigsten Taschengeldes. So ein teures Kind muss man natürlich genau planen, rutscht mir raus. Da muss man erst sein ganzes Geld zählen, bevor man eines kriegt, und dann hat man keine Zeit mehr für das Kind, weil man immer mehr Geld verdienen muss. Das sind natürlich alles nur peinliche Klischees, Vorurteile und grobe Unterstellungen. Was weiß denn ich, wie viel Geld Lukas' Eltern haben? Aber ich fühle mich sofort angegriffen, weil meine Kinder eben auf vieles verzichten müssen, denn alle Ressourcen müssen hier eben durch vier geteilt werden. Und manchmal tut mir das in der Seele leid, weil ich ein schlechtes Gewissen habe, ihnen allzu oft nicht einmal den materiellen Standard einer durchschnittlichen Grundschulpopulation bieten zu können. Während es mir aber schon gleich wieder rot in die Augen läuft vor lauter schuldbewusstem Ärger, wendet sich mein Jüngster achselzuckend ab. Fall erledigt, keine weiteren Fragen. Liegt schließlich auf der Hand, was Fakt ist: Wenn man ein Kind genau plant, hat man auch mehr Geld, um ihm all seine Wünsche zu erfüllen. Lukas ist schließlich der beste Beweis dafür, wie das geht.

Auch die Mutmaßung, sicherlich einer Sekte anzugehören, mindestens aber die mitfühlende Vermutung, dass mein Mann wohl katholisch sei, kamen immer wieder gerne vor. Kinder zu haben und dann nicht nur ein einziges, sondern gleich so viele, ist alles andere als normal und selbstverständlich. Normal ist eher, dafür schief angesehen zu werden.

Sei's drum, das muss ja nicht mein Problem sein. Aber es gefällt mir ganz und gar nicht, was hinter diesen dummen Bemerkungen aufscheint und mich wahlweise bemitleidet, belehrt, verächtlich macht und reduziert. Ehrlich gesagt bringt es mich auf die Palme, das Geräusch zuschnappender Schubladen, das sich regelmäßig einstellt, wenn die Umgebung einen so mustert. »Na, das ist ja auch ein Fulltimejob!«, bemerkte eine Schauspielerin, als ich ihr auf einer Party vorgestellt wurde und meine Kinderzahl selbstverständlich gleich hinter meinem Namen genannt wurde. Sie verdient ihr Geld als Tatort-Kommissarin, und das könnte ich mir auch als ziemlich zeitaufwendige Beschäftigung vorstellen. Sicher hat die Dame ihre Bemerkung gar nicht böse gemeint. Liegt das an mir, dass ich mich kaltgestellt fühlte? Zu einer Antwort kam ich gar nicht, weil sie sich brüsk zu ihrer Nachbarin umdrehte und fragte: »Und was machen Sie so beruflich?« Das kenne ich schon: Kaum wird ruchbar, dass ich vier Kinder habe, fragt mich niemand mehr nach meinem Beruf. Dabei rede ich immer wieder mal gerne über die Arbeit, besonders mit anderen Erwachsenen, die der Vorstellung, sich täglich aus dem Bett zu quälen, um einer sinnreichen, existenzsichernden und herausfordernden Arbeit nachzugehen, interessante Seiten abgewinnen können. Schade eigentlich, aber selbst die noch so nüchtern vorgebrachte Anzahl der Kinder schließt einen augenblicklich aus bestimmten Erwachsenengesprächen aus.

Und die Grabenkämpfe gehen unterdessen weiter: Ob als Mutter unter Müttern, als Mutter unter Kinderlosen oder als

Mutter im Beruf – immer muss man sich für eine Seite entscheiden und den eigenen Entwurf rechtfertigen oder die Rechtfertigungslitaneien der anderen ertragen. Vielleicht lag es an dem gerüttelten Maß eigener schlechter Erfahrungen auf dem Weg durchs Mutterland, dass es mir in diesem Moment vor ein paar Jahren am Straßenrand zum ersten Mal gelang, meine Schüchternheit zu überwinden. Ich fasse mir also ein Herz, komme der Dame zuvor und spreche sie an, bevor sie den üblichen Spruch loslassen kann. Kurz lass ich meinen Blick über die Hunde schweifen und frage in sorgfältig dosierter Bosheit: »Sind das alles Ihre?«

★

Der ganze Zirkus, in dessen Verlauf Frauen zu aller Welts Mamas mutieren, die man an ihren alltagspraktischen Frisuren, bügelfreier Kleidung, unlackierten Fingernägeln, flachen Schuhen, Augen- und Eheringen zu erkennen meint und abtut als eine Art scheinerwachsenes Anhängsel moderner Kinder, nervt unendlich. Und während wir in politischen Planspielen, gemeingesellschaftlicher Ursachenforschung oder wissenschaftlich inspirierten Großspekulationen beliebig als Sündenbockvariable eingesetzt werden, gehen wir immer nur brav einander an den Kragen und wetteifern im Kindergarten, auf dem Spielplatz, in der Schule und in Gedanken. So wenig Solidarität zwischen Müttern war nie – auch das nagt am Selbstbewusstsein und hält uns davon ab, uns auf uns selbst zu besinnen und eine ganz eigene Antwort darauf zu finden, wie wir mit Kindern leben wollen. Mütter beschreiten manche Wege, die Engel fürchten zu gehen. Auf vieles zu verzichten und für noch mehr verantwortlich zu zeichnen, das können wir schon ganz gut. Um eigene Freiräume beanspruchen und durchsetzen zu können, müssen wir uns trauen, mit ureigenen Bedürfnissen in Kontakt zu bleiben. Eigensinn macht stark, und da muss es uns nicht unangenehm sein, wenn jede Frau eben ihren eigenen Stil von Mutterschaft findet – und das auch darf. So etwa: Der liebe Gott hat uns eine Gebärmutter und ein Großhirn gegeben. Von beidem machen wir Gebrauch. Wo soll da das Problem sein?

Solange keine groben Pflichtverletzungen stattfinden, soll sich die als Wissenschaft getarnte Meinung, erst recht die Kirche und die Politik sowieso aus der Frage einfach mal heraushalten, was eine gute Mutter alles draufhaben muss. Mit dem Ausbau von Kitas und der besseren Ausbildung von Erziehern hätte der Staat in Deutschland schon genug zu tun. Diesen Rahmen zu bauen, wäre längst Aufgabe genug. Ausfüllen können wir den schon selbst. Aber kluge Tipps, oberlehrerhafte Verhaltensvorschriften, den Druck familiären Maßregelvollzugs im Dunst wabernder Muttermythen brauchen wir nicht, um unsere Sache gut zu machen. Kein Anspruch ohne Zuspruch – das wäre am Ende schon ein guter Anfang.

Literatur

Angela Barron McBride: *Das normal-verrückte Dasein als Hausfrau und Mutter,* Rowohlt Verlag 1974

Herman Beland: *Das Bild vom Feind. Sinnlose Gewalt als Modell projektiver Destruktivität,* Vortrag auf der Frühjahrstagung der Deutschen Psychoanalytischen Gesellschaft, 2000

Elisabeth Beck-Gernsheim: *Die Kinderfrage. Frauen zwischen Kinderwunsch und Unabhängigkeit,* München 1988

T. Berry Brazelton/Stanley I. Greenspan: *Die sieben Grundbedürfnisse von Kindern. Was jedes Kind braucht, um gesund aufzuwachsen, gut zu lernen und glücklich zu sein,* 342 S., Beltz Verlag 2002

Ekkehard von Braunmühl: *Zeit für Kinder. Theorie und Praxis von Kinderfeindlichkeit, Kinderfreundlichkeit, Kinderschutz,* tologo Verlag Leipzig 2006

Yolanda Cadalbert-Schmid: *Sind Mütter denn an allem schuld?,* Kösel Verlag München 1992

Dorothea Dieckmann: *Unter Müttern. Eine Schmähschrift,* Rowohlt Verlag Hamburg 1995

Gisela Erler: Frauen sind Gefangene des Mutterbildes, in *Die WELT* vom 7. Januar 2005

Allan Guggenbühl: Kinder – romantische Fiktion oder Störfaktor, in: *Neue Zürcher Zeitung* vom 22. Mai 2001

Armin Himmelrath: *Abschied vom Gymnasium? Zur Zukunft unseres Schulsystems,* Herder Verlag Freiburg 1995

Spiegel-Streitgespräch: Familie macht glücklich. Ursula von der Leyen und Christa Müller diskutieren über Krippenplätze, Zwangsbetreuung und die Rolle von Vätern in der Erziehung, in: *DER SPIEGEL,* Nr. 31/2007

Benjamin Spock: *Säuglings- und Kinderpflege,* Ullstein Verlag Berlin 1993

Frank Furedi: *Die Elternparanoia. Warum Kinder mutige Eltern brauchen,* 263 S., Eichborn Verlag 2002

Cornelie Kister: *Mütter, Euer Feind ist weiblich. Wie Frauen sich gegenseitig das Leben zur Hölle machen,* Eichborn Verlag Frankfurt 2007

Anke Kuckuck, Clara Luckmann: *Mütter, Lust und Sexualität,* Rowohlt Verlag Hamburg 1997

Dirk Knipphals:Verzweifelt geliebt. Schwierige Abschiede von der deutschen Mutter, *in: Merkur. Deutsche Zeitschrift für europäisches Denken,* Heft Nr. 687, Klett-Cotta Verlag, Stuttgart 2006

Sophie von Lenthe (Hrsg.): *Lesebuch für Rabenmütter. Von den Schwierigkeiten, eine gute Mutter zu sein,* Deutscher Taschenbuch Verlag München 1993

Katja Leyrer: *Rabenmutter. Na und? Essays und Interviews,* Buntbuch Hamburg 1986

Martin Luther: *Tischreden,* hrsg. von Kurt Aland, Reclam Verlag 1981

Martin Luther: *Vom ehelichen Leben und andere Schriften über die Ehe,* hrsg. von Dagmar C.G. Lorenz, Reclam Verlag 1997

Susanne Mayer: Wollt ihr die totale Mutter, in: *Die ZEIT,* 26/2001

Rozsika Parker: *Mother love/hate. The power of maternal ambivalence,* Basic Books, New York 1996, zit. n. Mutterschaft: Identität und Erleben, in Kindergartenpädagogik, Online-Handbuch, hrsg. von Martin R.Textor

Purves, Libby: *Die Kunst, (k)eine perfekte Familie zu sein,* Kabel Verlag Hamburg 1994

Iris Radisch: *Die Schule der Frauen. Wie wir die Familie neu erfinden,* Deutsche Verlags-Anstalt, München 2007

Herrad Schenk: *Wieviel Mutter braucht der Mensch? Der Mythos von der guten Mutter,* Rowohlt Verlag Hamburg 1998

Barbara Sichtermann: *Vorsicht Kind. Eine Arbeitsplatzbeschreibung für Mütter, Väter und andere,* Wagenbach Verlag Berlin 1982

Jane Swigart: *Von wegen Rabenmutter. Die harte Realität der Mutterliebe,* Droemer Knaur Verlag 1993

Leora Tanenbaum: *Catfight. Weibliches Konkurrenzverhalten und wie Männer davon profitieren,* Ariston Verlag 2004

Shari Thurer: *Mythos Mutterschaft. Wie der Zeitgeist das Bild der guten Mutter immer wieder neu erfindet,* Droemer Knaur Verlag 1997

Barbara Vinken: *Die deutsche Mutter. Der lange Schatten eines Mythos,* Piper Verlag München 2001

Lotte Kühn
Das Lehrerhasser-Buch

Eine Mutter rechnet ab

Alles ändert sich, nur die Lehrer nicht: Sie haben immer recht.
Sie sitzen immer am längeren Hebel. Sie hören nie zu. Sie treiben uns den Spaß am Lernen aus. Und wir alle haben unter
ihrer Selbstherrlichkeit zu leiden.
Lotte Kühn, selbst Mutter von vier Kindern, zeigt unsere Lehrer, wie sie wirklich sind: hilflos, überfordert und total gestresst.
Ihre Bestandsaufnahme lässt nur einen Schluss zu: Leistung ungenügend!

»Ein furioses Buch.«
Der Spiegel

Knaur Taschenbuch Verlag

Lotte Kühn
Elternsprechtag

Wie schlimm ist Schule wirklich?
Was Eltern, Schüler und Lehrer täglich erleben

Als Reaktion auf »Das Lehrerhasser-Buch« erreichten Lotte Kühn zahlreiche entrüstete Kommentare von Lehrern, aber ungleich mehr zustimmende Reaktionen von Schülern und Eltern. Sie alle beweisen: Die Erfahrungen von Lotte Kühn sind kein Einzelfall. Was sie in ihrem Buch berichtet, findet genau so und schlimmer jeden Tag aufs Neue in den Schulen statt.
Nun bekommen die Betroffenen endlich selbst eine Stimme: Lotte Kühn hat die bewegendsten und bezeichnendsten Reaktionen aus Hunderten E-Mails und Briefen ausgewählt und für dieses Buch zusammengestellt.
Damit sich endlich etwas ändert!

Knaur Taschenbuch Verlag

Lotte Kühn
Schulversagen

Schlechte Schüler, hilflose Lehrer –
was in unseren Klassenzimmern falsch läuft

»Das Schulversagen der Kinder ist das Versagen der Schule«, sagt Lotte Kühn – und geht den Ursachen dieses Scheiterns auf den Grund. An ihrer Seite: eine Ministerialbeamtin, die brisante Insiderinformationen über die Schulpolitik beisteuert. In ihrer schonungslosen Bestandsaufnahme beschreibt Lotte Kühn eindrücklich, woran unsere Schulen kranken. Praxisferne Bildungspolitik, ungenügende Lehrerausbildung, ein unzeitgemäßes Schulsystem – die Misere hat viele Gründe. Ausbaden müssen diese Missstände die Opfer des Systems: die Kinder und ihre Eltern. Lotte Kühn benennt jedoch nicht nur die Schuldigen am »Schulversagen«, sondern erklärt auch, was sich endlich ändern muss. Damit die im »Lehrerhasser-Buch« angestoßene Debatte über unsere Schulen weitergeht.

Knaur Taschenbuch Verlag